# 优势执行力

## The 13 Secrets of Power Performance | 高效能达成目标的13个秘诀

〔美〕罗杰·道森（Roger Dawson）◎著

刘祥亚 ◎译

重庆出版集团 重庆出版社

版贸核渝字 (2010) 第192号

**图书在版编目（CIP）数据**

优势执行力/〔美〕道森著；刘祥亚译. —重庆：重庆出版社，2011.1

ISBN 978-7-229-00563-4

Ⅰ.①优… Ⅱ.①道… ②刘… Ⅲ.①成功心理学—通俗读物 Ⅳ.①B848.4-49

中国版本图书馆CIP数据核字 (2010) 第222557号

**优势执行力**

YOUSHI ZHIXINGLI

〔美〕罗杰·道森　著

刘祥亚　译

---

出 版 人：罗小卫

策　　划：中资海派·重庆出版集团科技出版中心

执行策划：黄　河　桂　林

责任编辑：温远才　朱小玉

版式设计：张　英

封面设计：张　英　唐　玮

---

重庆出版集团 重庆出版社 出版

（重庆长江二路205号）

深圳市精彩印联合印务有限公司　印刷

重庆出版集团图书发行有限公司　发行

邮购电话：023-68809452

E-MAIL: fxchu@cqph.com

全国新华书店经销

---

开本：787×1092mm　1/16　印张：14　字数：201千

2011年1月第1版　2021年4月第9次印刷

定价：32.00元

---

如有印装质量问题，请致电：023-68706683

---

献给吉塞拉，

你是一个美妙而富有智慧的人，
是你让我的生命重新充满爱。

**中国市场学会副会长**

**北京大学经济学院博士后　徐浩然**

罗杰·道森是一位大师。他的书，认真地读，读一遍不够，还要读许多遍。如果有机会，最好与大师面对面交流一下，领略大师风采，才能更深刻领悟大师的智慧。

**上海金丝猴食品股份有限公司副总裁　郭树良**

罗杰·道森是位智者，他所教的“优势谈判”课程好学好用，他的“执行力”相关课程更是让人受益良多。

**亚洲顶尖演说家、世界华人成功学权威　陈安之**

罗杰·道森的书籍已经影响了全世界无数的企业家。罗杰·道森是最会谈判的人之一。我希望透过罗杰·道森的书籍和课程，让大家走上成功之路。

**钰泰集团总裁、北京“工体 100”董事长　黄朝扬**

我之所以在 30 岁就能成为亿万富翁，建成了世界上最大的北京“工体 100”保龄球馆，要感谢世界谈判大师罗杰·道森的指点，让我能随心所欲地把自己的事业推向另一高峰。

**华莱士（中国）餐饮管理集团董事长兼总裁　华怀庆**

我要把罗杰·道森的书推荐出去，商界的人一定要读罗杰·道森的书，上罗杰·道森的课，只有这样，才能在与外国人交易的时候，百战百胜。

**广东省东方谈判发展研究院院长、亚太国际谈判学院院长**
**世界大师中国行创始人　武向阳**

和罗杰·道森合作是我这一生做得最有价值、最成功的一件事情。罗杰·道森的知识能最有效地减少中国企业精英们遇到危机的可能性，让他们走得更好、更成功。

**“中国卓越领导力训练第一人”**
**深圳拓普理德董事长兼首席顾问　谭兆麟**

通过向罗杰·道森的学习，我收获了极大的启迪：善用诚信的力量、暗示的力量和爱心力量；努力做到比客户更了解客户；清晰阐释成交带给客户的“好处和回报”；高度的执行力、准确的决策力、高超的谈判力是赢得成功的真谛。

**中国名人演说家协会副会长、中国青年思想家　邹中棠**

罗杰·道森是我遇到过的最有思想的人之一，他的思想让商业激荡着赢利的火花。无论是《优势谈判》《赢在决策力》，还是《优势执行力》，都是奋战在商业第一线总裁、经理们的必读图书。谁读懂了他的思想，谁就站在了商业的巅峰。

**中国信威集团董事长　许娇君**

罗杰·道森的书是迄今为止我读过的最富有智慧的商业图书之一。罗杰·道森的书都是建立在行为学和心理学的理论基础上，分析人类社会中一些被人忽视的现象，并由此得出对人类社交行为有重大参考意义的结论的书。

# 掌握高效能秘诀，成为生活的赢家

你是否曾经想过，为什么有些人的生活会与其他人截然不同?

有些人似乎从来没遇到过困难或复杂的事。他们在高中和大学里的成绩一直得 A；工作很快就进入快车道，从此人生平步青云；又找到了一位美丽聪明的异性共度一生，孩子们个个聪明极了！这些人们梦寐以求的东西，对他们来说，完全是小菜一碟。

他们似乎从来没有什么烦恼。你永远不会看到他们入不敷出，你也很难相信他们会因为害怕面对困难而只想一睡到老。

这些人究竟是谁？火星人？还是由奇妙的基因组合创造出来的异类?都不是!

他们只是一些懂得如何利用生活法则的人，而这些法则就是本书的主要内容，这些人只是懂得如何把这些内容变成自己生活的一部分罢了。许多励志书都在告诉人们要学会改变自己的思路。可是在我看来，成功的关键在于：研究高效能人士究竟在做什么，然后你也开始这么做！那些从容面对生活的人之所以能够从容，就是因为他们学到了成为高效能人士的秘诀，并把它们转化为自己的生活习惯。在本书当中，你将了解到高效能人士的 13 个秘诀。把这些秘诀转化为自己的习惯，你就能走进高效能人士的行列。

过去10年中，我一直在全美各地为美国的顶级公司和行业协会进行演讲。我去过北美几乎所有主要的城市和度假酒店，还去过澳大利亚5次。每次我都会抽空和那些生活中的真正赢家们一起吃饭。每次我都会问他们同样的问题："你究竟跟别人有什么不一样？为什么大多数人都会失败，而你却取得了成功？"他们给我的答案正是我在本书中将要谈到的主要内容。

不仅如此，我每年还会抽出两个月的时间四处旅行，去了解其他国家的人们究竟在做什么。我曾经爬上欧洲的阿尔卑斯山，攀登过喜马拉雅山，去过非洲，还有安第斯山。我还在潘普罗那（Pamplona）的街头目睹过狂奔的公牛，也曾在刚果见到过稀有的山地大猩猩，在中国见到过兵马俑，还曾经在怒吼的激流中漂流，跳过降落伞，尝试过蹦极。我先后进行了6次环球旅行，到过95个不同的国家。

无论在任何地方，我都发现一件相同的事情——总是有少数一些人能够从容地应对任何挑战，克服任何障碍，过上美妙非凡的生活。不幸的是，世界上的绝大多数人都远远没有发挥出自己的潜力。

但我相信，只要能掌握高效能人士的13个秘诀，每个人都可以过上最圆满的生活——品味生活的每一分欢乐，享受爱与被爱的感觉，在生活中的每一刻都感到幸福，过上没有任何缺憾的生活。

记得我曾经见过一个人，他身无分文地从英国北部的纽卡索（New Castle）来到美国，后来他在房地产行业赚了数千万美元。他告诉我，财富的积累可以分为三个阶段。首先，你要学会如何赚钱，然后你要学会如何让钱生钱，最后你要学会如何让别人为你赚钱。"大多数人都做不到这一点，"他告诉我，"他们不知道该怎样让别人发挥出最大的潜力。"

"有什么秘诀吗？"我问他。

他告诉我："人比自己想象的要能干得多。要想让一个人发挥出最大的潜力，秘诀就在于要给他们施加足够的压力。对于我们自己也是如此。想要充分激发潜力，我们必须学会给自己施压。"难道不是这样吗？难道你现在不比自己当初刚开始时做的多得多吗？相信我，你以后所取得的成就，也要远比你今天想象的大得多。

每个人都能成为生活中的超级明星。每个人都有成为高效能人士的特质。不幸的是,时代和我们所生活的环境一直在密谋着侵蚀我们的这些潜能。

每个人身上都隐藏着一些巨大的能量之矿，它所蕴藏的能量足以让我们在生活的漫漫征途中战胜各种困难。

每个人身上都隐藏着一些巨大的勇气之矿，它让我们有足够的力量去面对任何挑战。

每个人身上都隐藏着一些巨大的意志之矿，它足以让我们走出失败的地牢，继续自己的人生之旅。

**每个人都可以成为高效能人士，这就是本书的主题所在。**我的目标就是帮助你找出那些过去一直阻碍你前进的障碍，把它们从你的生活中赶走。读完本书，你会更理解生活中发生的一切。你会感觉一股巨大的能量正在将你带入高效能人士的行列。这点我可以保证!

我将在本书中教你的13个秘诀极其重要，相信读完之后，你会情不自禁地大喊 :“是的！现在我知道自己该做什么了。从现在起，再也没有什么能够阻挡我前进的脚步了。”

我会要求你做一些你此前可能从来没有做过的事情。现在就开始做计划，抽出一天时间，仔细反思你在这本书中学到的东西，什么都不要想，只要想想你的人生，想想你的过去、现在，尤其是未来。我们的精神也会同在，想想看，我们正生活在浩瀚的宇宙中一个美得令人窒息的星球上，一切都在按部就班地运转，我们在这个星球的一个小角落里……我们在这个世界究竟处于什么样的位置？问问自己，你觉得自己从生到死的那段时间——我们称之为“人生”的那段时间——究竟过得如何？

如果你愿意暂时放下一切，抽出一天时间，我可以保证，多年以后，当你回过头来思考这一天时，你会发现它是非常神奇的一天。它会成为你人生旅途中的一个转折点。

如果有条件，我建议你找一个可以独处的地方，暂时离开你平常生活的环境。高效能人士会在这一天时间什么都不做，只是思考自己的人生，最终他们会发现，这一天将是自己人生中最宝贵的一天。比如说你可以向朋友借一间他们在海滩上的度假小屋，也可以背上行囊，在茫茫大山里找一处独居之所。

## 罗杰手记

### 找到你的矿金谷

我最喜欢的地方是加州中部内华达山脉的一条名叫矿金（Mineral King）的山谷。那是一个非常偏僻的地方，距离弗雷斯诺（Fresno）大约 80 英里，所以你一开始就必须驾车穿越世界上最大的农垦山谷之一的圣华金谷（San Joaquin）。穿越山谷的时候，你会看到一望无际的棉花地，这时你可能会想起约翰·斯坦贝克（John Steinbeck，1902 — 1968 年，美国著名作家，作品主要以美国的土地和人民为题材，于 1962 年获诺贝尔文学奖。——译者注）的经典之作《愤怒的葡萄》（*The Grapes of Wrath*），想到里面描写俄克拉何马在 20 世纪 30 年代为了逃离大干旱而来到这里，过着农民家庭的艰苦生活。在驶往山脚的途中，你会路过被誉为“世界葡萄酒之都”的连绵数英里的葡萄园。随后你便会进入一条巨大的山谷，这时你就来到了绮丽宏伟的内华达山脉。走过三条河镇之后，在中转站拐个弯，你便可以看到一条蜿蜒而上的小路直通矿金山谷。最后 15 英里的路程是一条最原始的单行道，一侧是峭壁，一侧是峡谷。空气开始变得很冷很新鲜。脚下是一片笼罩着中央谷（Central Valley）的大雾。最后，你会来到一片不大的草地，上面星星点点地有几座有钱人家从森林服务管理局租来的小屋。这时你可以下车步行，再走上 5 英里左右，大约在海拔 10 000 英尺的地方，你便可以看到这个国家最美丽最遥远的景色。

很多年前，沃特·迪斯尼公司曾经计划要在矿金谷开发一座大型滑雪度假村。一旦建成，它将可以与美国乃至欧洲任何一座滑雪度假村相媲美。他们还计划在单行道的位置修建一条单轨电车，把滑雪者们运到 20 英里之上的地方，然后他们就可以在那里修建漂亮的度假酒店，再配上最先进的服务设施。

作为一名狂热的滑雪爱好者，我第一次来到矿金谷的时候是带着朝圣般的虔诚的，一到这里，我便立刻像前往大马士革（Damascus）的所罗（Saul, 一名曾经参与迫害耶稣的罗马士兵，在去大马士革的路上，在闪电之中，Saul 听到耶稣的质问而幡然醒悟，皈依基督教并改名为 Paul。——译者注）一样接受了彻底的洗礼。这是我见过的最美丽的地方之一。这里有大片的绿色山野，冰冷的溪流欢快地沿着山谷奔涌而下，四周是白雪覆盖的山峰。内华达俱乐部当初反对迪士尼的计划是正确的。我们确实应该保留下这里的原始景色，让我们的后代也能有幸享受这一切。

虽然内华达俱乐部最终在美国最高法院遭遇惨败，但他们还是成功地拖延了迪士尼的开发计划，等到官司结束时，开发成本已经飙升到令人无法接受的地步，迪士尼也不得不宣布放弃这项计划了。所以今天的矿金谷才能维持这种最原始的风貌。

当你读这本书的时候，我建议你先找到自己的矿金谷，这样我们就可以一起度过美好的一天，一起探索“高效能人士的 13 个秘诀”。

本书的目标是让你充满坚定和热情，进入高效能人士的行列。我们不妨把人比作各种各样的船。很多人像细小的游艇，终日航行在狭窄的运河上，只有在受到外力拉动时才会移动，一辈子也没有离开过那条狭窄的航道；有的人像巨大的货轮，终日在密西西比河上前行，来回奔波，除非受到严格的操控，否则他们就会随波逐流，最终可能会粉身碎骨；有的人像在大洋里航行的超级巨轮，他们目标坚定，勇敢地跟命运斗争，在全世界的大洋中奋力前行；还有的人则像是一艘游艇，他们生存的目的就是为了享乐。高效能人士则像是敏捷的快艇，他们能够迅速应对外界的变化，从一个浪尖跳到另一个浪尖，并激励所有身边的人勇敢地接受生活的挑战。

他们享受自己的旅程，他们的人生总是阳光明媚，就连海风也会带他们很快到达自己的目的地。但一旦情况出现变化，他们也会充满信心地迎接挑战，奋勇向前。

**你的生活应该成为一场美妙的旅程**。你应该学会战胜生活的挫折，学会接受命运的馈赠，用自己的人生去铸就一番宏图伟业。你应该成为一位高效能人士，将通往伟大的道路紧紧地握在自己的手中。

# 把人生当成一次探险

SECRET NUMBER 1

Power Performers
Make Their life an Adventure

辞去华纳兄弟公司 CEO，成为年龄最大的珠峰登顶者，
担任迪士尼 CEO，他凭借什么实现了事业的峰回路转？
他会为了一家新创立的公司而工作到深夜，
也会抽时间去加勒比海潜水，
他是如何集“工作狂”与“闲人”于一身的？

## 你会再来一遍吗

在踏上成为高效能人士之旅之前，首先问你一个问题："如果有机会能够将此前的生活重新经历一遍，你会愿意这么做吗？"设想一下，只要一点头，你的生活立刻会从你五岁生日那天重新开始，分毫不差地重来一遍。在这个过程中，你既不能改变自己的生活，也不会知道未来会发生什么。你还会愿意这么做吗？记得本杰明·富兰克林曾经谈到过这个问题。他说道："如果有机会的话，我不会反对从头开始再活一遍，只是希望能有机会在第二版的时候修正一下第一版的某些错误。"可问题是，如果没有机会修改这些错误，你又会作何选择呢？

这是一个有趣的问题，不是吗？你做一件事情的过程越是有趣，你就会越有可能做得好；你从生活中得到的乐趣越多，你的生活就会越成功——无论是在工作、财务计划、家庭生活，还是社会生活中，都是如此。你越是把生活看成是一次有趣的经历，你在生活中所拥有的能量和热情就会越大。

抽个时间跟你的朋友讨论一下这个问题，你会发现会有人立刻回答道："哦，是的，当然。我每天都很兴奋，当然希望再来一遍。"但大多数人都会告诉你，虽然他们很享受自己的生活，但生活对他们来说，更多是一种挣扎，一个忙于求生的过程。他们不愿意重复自己的生活，而更希望能够拥有一个更好的未来。20 世纪初期，朱尔斯·雷纳德（Jules Reanard，1864 — 1910 年，法国作家。——译者注）曾经认真思考过这个问题，他最终得出结论："如果能够再活一遍。我愿意原样重复。只是希望能够把眼睛稍微睁大一些。"

## 最好的生活方式

80 岁那年，海伦·凯勒说道："我从来没有失去孩童时期那种对万事万物充满好奇的感觉，这种感觉让我保持年轻。我很高兴自己能做到这一点。"

人们应该学会像一个刚进迪士尼乐园的孩子那样生活。1960 年，就在第一个迪士尼乐园刚刚在阿纳海姆市（Anaheim）的一片圆形空地上开业的时候，我作为一名摄影师搭乘一艘英国客轮前往洛杉矶。在南加州逗留的这段时间里，我发现有很多令人激动的事情要做，可让我感到大为不解的是，很多乘客都想把所有时间都留在迪士尼乐园。真不明白迪士尼乐园到底有什么魔力！到底哪种人才会宁愿坐一整天过山车，也不愿意去看看贝弗利山、好莱坞，或者是去参观电影工作室呢？直到 1963 年，在我从英国移民到加利福尼亚之后，我才亲自去了一趟迪士尼乐园。这个曾经吸引过成千上万人的地方立刻吸引了我。它远不止是一座游乐园，而是一个儿童所有梦想的重现，在进入乐园的那一刻，似乎我们童年时代的所有梦想都实现了。

就在东京的迪士尼乐园开业之后不久，我也去了趟那里。孩子们脸上的那种表情让我心醉神迷。如果说全世界的孩子们都能记得自己在第一次前往迪士尼乐园时学到的东西，并把它们应用到自己今后的生活中，他们一定会感觉生活其实就是一场令人激动的历险：

- 孩子们在进入乐园之前内心会充满期待。虽然日本文化告诉人们要保持矜持，但一进入迪士尼乐园，他们立刻就会兴奋得发狂，忘掉一切。

- 他们会主动克服探索未知领域时所感到的恐惧。
- 他们知道自己会遇到很多问题，比如说可能会下雨，可能要排很长的队，但他们并不会因此而感到不快。
- 他们知道过山车会吓到他们。

虽然这些对你似乎不值一提，但对一个 5 岁的孩子来说，它们却是非常可怕的事情。但尽管如此，他们还是很享受自己在迪士尼乐园的每一刻，玩了一遍又一遍，只有当父母下达命令的时候，他们才会依依不舍地离开这个地方。

孩子们总是能从自己所做的事情中得到巨大的乐趣，而且他们总是愿意重复自己的经历。只有当我们逐渐变老，开始承担更多的生活责任时，我们才会开始质疑生活是否真的是一场有趣的冒险。

## 你享受生活吗

一个令人震惊的调查表明：这个世界上绝大多数的人都不喜欢自己的工作，如果不是为了钱，他们会立刻辞职！《洛杉矶时报》(*Los Angeles Times*) 曾经对在加利福尼亚橘子郡（Orange County）工作的人作过一项问卷调查（此地被认为是美国最佳工作地点之一，可对我来说，它也是世界上最好的工作地点之一），结果让人大吃一惊：橘子郡终年阳光普照，一切看起来都那么清新美好，上午的时候你可以去滑雪，下午可以开船出海。可即便是在这天堂一般的地方，还是只有 24% 的人表示对自己的收入感到满意；只有 44% 的人能够从自己的工作中得到满足感；这难道不能说明什么问题吗？就算是在这种地方，仍然有 56% 的人对自己的工作不满意，如果不是为了赚钱，他们会立刻辞掉自己的工作。不仅如此，还有 76% 的人对自己的收入感到不满意。难怪会有那么多人终日都在翘首企盼明天，因为他们根本不懂得享受当下的生活——而高效能人士总能做到这一点。

随便问问一个人过得怎样，他就会告诉你，生活就是一场不断挣扎求生的旅程；他会抱怨这世界对他是多么不公平，他的表情甚至在告诉你：他最希望的是在厄运降临之前能够尽快到达生命的尽头。

## 罗杰手记

### 远离悲观主义者

还记得有一次，我就曾经在猛犸山（Mammoth Mountain）的滑雪缆车上遇到过一个这样的家伙。坐缆车上山的时间一共不到10分钟，可就在这短短的几分钟里，这个家伙跟我发了一堆牢骚。

跟我们平行的一辆缆车中途出了问题，上面的乘客耐心地坐在那里等着缆车重新开动。这时我的这位同伴说道："他们可能会在那里停留很长时间。说不定华盛顿特区需要派人来了解一下情况。""要是缆车脱落，就算下落的速度很慢，也足以把你摔死。"（几分钟过后，对面的缆车重新启动了。）

沿途我们看到有几位十几岁的孩子正坐着滑雪板从山坡上呼啸着往下滑。我那位同伴说道："滑雪板应该被禁止。我曾经遇见过这个孩子，太让人生气了。我冲他大吼'过来，你这小混蛋！'"

又过了一会儿，我看到一个截瘫病人坐在一个轮椅式滑板上冲下山坡，简直太棒了！这位腰部以下高位截瘫的滑雪者让我深有感触，正在此时，我的同伴说道："如果我要是那样的话，我就不再活着了。如果不能打高尔夫，不能做爱（使用的是一种表示失去某些东西时的表达，这是从他的方言里面翻译过来的），要我说就不用再活着了。"

简直让人无语！快到山顶时，这位同伴说道："要不我们一起滑下去？"

我说："不，我可不想跟你一起下去。像你这种态度，跟你在一起定是一场灾难。"于是他只好一个人下山了。看着他远去的背影，我几乎可以清楚地看到一团乌云像个气球一样漂浮在他的头顶，而且这个气球还紧紧地拴在了他的雪崩巡视器上。

悲观主义者是这样一种人：他会在自己觉得不错的时候让自己感觉糟糕，以免自己在觉得更好的时候让自己产生更糟糕的感觉。

## 高效能人士如何看待人生

高效能人士的生活态度则截然不同。对于他们，生活就是一场名副其实的大冒险。他们总是感觉没有足够的时间去尝试一切，总是感觉每天都要遇到各种新的机遇和挑战，总是在遇见新的人，发现新的想法。如果他们偶尔想到死亡这个话题时，他们会悲哀地想到死亡将会剥夺多少活着的乐趣：将再也没有机会去欣赏落日美景或白雪皑皑的山峰；再也没有机会去体验克服挑战的愉悦；再也无法被自己所爱的人感动得大笑、狂喜、流泪。

要想成为一名高效能人士，我们必须首先热爱生活，然后思考我们应该怎么对待我们在这个世界上为数不多的珍贵岁月。

**高效能人士都有一个共同点：他们热爱生活！**这种认识会让他们充满热情地迎接生活所给予他们的一切：无论是在寻找一个商业机遇，还是在高尔夫球场上挥杆，抑或在高速公路上奔驰。

在一位高效能人士面前，你很难判断他究竟是在工作还是在玩耍。他们在做任何事情的时候都会倾情投入，全力以赴。

你会发现这样的高效能人士其实到处都是：有人会为了让一家新成立的公司实现腾飞而一周工作 7 天；有人会没日没夜地在山上劳作，直到看到一座小屋拔地而起；有人会在实验室里工作到深夜，完全沉浸在探索新技术前沿的乐趣之中。他们在做这些的时候，都会像威廉姆·克拉克（William Clark）和梅里韦瑟·路易斯（Meriwether Lewis，他和威廉姆·克拉克曾于 1804 年开始了一场著名的美国西部探险活动，这也是当时美国总统托马斯·杰斐逊制订的挺进西部的计划之一。——译者注）去探索被买下的路易斯安那时那样满腔热情，甚至达到了狂热的地步。

虽然高效能人士会把工作当成一种乐趣，但在空闲时间，他们还是会前往地中海出航，去喜马拉雅山登山，去秘鲁攀岩，或者去加勒比海潜水，让自己完全沉浸到这些经历当中。

## 罗杰手记

### 最美妙的潜水之旅

我还记得曾经跟我的儿子德维特一起去瓦拉塔港（Puerto Vallarta）南面的墨西哥西海岸潜水的情形。当地的潜水俱乐部在海滩上拥有自己的小片领域，海滩上有星星点点的几座小茅草屋，这样潜水者们可以在潜水之后放松，或者在这里烧烤。我们上午跟一些从周边城市来的潜水爱好者们一起潜水，下午的时候，德维特和我又做了一次潜水。向导把我们带到水下大约100英尺的地方，去探访了一片令人难以置信的水下悬崖。那里几乎看不到水面，往下看的时候，你会发现眼前一片漆黑。我站在悬崖上，想象自己站在高山之巅，下面是大约一英里的空间，只要再往上走几英尺，我就可以到达最高点。

我曾经攀登过喜马拉雅和安第斯山，几乎每前进一步都要付出巨大的辛苦，可在这里，我可以自由自在地上下游动，细细体验那种潜水才能带给你的完全失重感。这是一段多么美妙的经历啊！我感觉自己就像是一只在空中翱翔的雄鹰，可以随意上下翻飞。我记得当时距离雅克·库斯托（Jacques Cousteau）和爱米尔·加尼安（Emile Gagnan）发明潜水设备还不到50年。想想看，历史上有很多伟大的人都从来没有机会尝试我今天在做的事情。

这次的经历是如此奇妙，我甚至开始想到了那位曾经因为慨叹“已经没有新世界可以征服”而落泪的亚历山大大帝。毫无疑问，早在他那个时代，这片神奇的海底世界就已经存在了，只是亚历山大这位高效能人士出生得太早了，所以没有机会体验一下这种经历。

突然之间，我感到导游拉了拉我的脚蹼。我转过身去，看到他正在我的上方，阳光从上面照下来，从下往上只能看到一片光晕。他冲我打了个手势,“赶紧上来”。我检查了一下空气测量仪,又拍了拍手表,告诉他我还有足够的时间。他摇了摇手指，要我立刻离开这里。没办法,我毫不情愿地跟着他浮上水面,结束了这一生中最美妙的经历之一。回到岸上之后，我发现这位导游丝毫没有改变主意。他的英语不太好，好在德维特参加过培训，所以他很快就明白导游在说什么——在这个问题上，德维特和我不同，我喜欢边做边学。比如说如果我想划船，我就会立刻租条小船出海。如果船沉了，我会再弄一条，直到学会为止。如果我想学某种软件，我会立刻买来插进电脑，如果发现任何不明白的地方,我会拨通技术支持热线。谁有时间去阅读那些指导手册呢?德维特告诉我，如果在水下待的时间太长，我血液中的氮气平衡就会发生变化，这时你会感觉特别兴奋。但这种状态是非常危险的，因为你会因为开心而不愿结束这趟旅程。

不管是因为氮气失衡，还是什么其他原因，这次历险都是我一生中最美妙的回忆之一。但即便如此，跟进入太空的经历相比，这次潜水经历又显得不值一提了。想象一下，进入太空之后，你可以体会到那种无穷尽的感觉，你可以比雄鹰还要自由地在空中翱翔。想想看，你可以在空中自由飘荡，你知道自己可以像太空飞船那样进入固定的轨道，你的前进速度跟重力作用保持一致，这样你下落的曲线就可以跟地球的曲线保持一致。只要一回头，你就可以看到地球，看到你一直生活的整个世界。这对你的灵魂将是一次多么巨大的改变啊！正如阿奇博尔德·麦克利什（Archibald MacLeish，1892 — 1982 年，美国诗人。——译者注）所说 :“当你看到小巧而美丽的蔚蓝色地球在静谧的太空中漂浮时，就好像看到我们自己在地球上奔腾的样子，正是我们给这无尽的黑夜带来了光亮，突然之间，你会感觉人类真的是亲如一家。”我简直迫不及待了！

## 职业生涯并不妨碍人生历险

高效能人士相信，当一个人在做自己喜欢的事情时，他所释放出的能量等级会完全不同。这时你会带着一种积极的期待奋勇前行，你会感觉自己几乎能够实现任何目标。你在追求这种历险时所展现出来的能量和成功的欲望在事业上同样会给你带来丰厚的回报。

相信到过乞力马扎罗的人永远不会忘记这座距离赤道最近但却终年白雪皑皑的群山之王。我曾经跟茱莉亚一起从内罗毕（Nairobi，肯尼亚共和国首都。——译者注）驱车南下前往乞力马扎罗，车行将至时，远方高山的雄伟让人目瞪口呆，我们不得不让司机停下车子，好让我们用心细细品味它的宏大。乞力马扎罗山绵延数英里，第一次看到它时，仅仅是它的规模就会让你大吃一惊。它从近乎海平面的高度拔地而起，直插云霄，最高处高达 19 710 英尺（一英尺约合 0.3048 米，19 710 英尺约合 6 007 米。——译者注），但它的规模又是如此巨大，所以你不会仅仅将其看成一座陡峭的山峰，而更会把它看成一座绵延不绝的山脉。它从四周的平地开始，向四面八方延伸 50 英里（一英里约合 1.609 公里，50 英里约合 80.45 公里。——译者注），越往中央，高度越高，直至最高点，由于数百万年以前的火山喷发，乞力马扎罗的山顶形成一片平地。

另外一件让你感到震惊的事就是山脚下的赤道平原和白雪覆盖的山顶之间的温差。据说登山者们曾经在山顶发现过豹子的脚印，但从来没有人能说清豹子为什么要如此辛苦地爬到那么高的地方。这一事件让欧内斯特·海明威（Earnest Hemingway，1899 — 1961 年，美国著名作家，1954 年凭借《老人与海》获诺贝尔文学奖。——译者注）感到着迷，并激发了他创作一部短篇小说，描写一位探险家在飞机失事后死在乞力马扎罗的经过。临死之前，这位探险家在大脑中回顾了自己以往的探险经历，开始努力反思自己做这些事究竟有什么意义。小说最后的结论是：那头豹子这样做可能根本没有任何原因，正如很多人都是毫无原因地忙碌一生一样。

海明威是在前往乌干达观光的飞机失事后躺在病床上时开始创作这部

小说的。当时海明威的病情很严重，可最终他还是活了下来。小说的主人公哈里（Harry）可就没这么幸运了，他最终死于坏疽中毒。虽然好莱坞已经习惯了圆满的大结局，但他们在拍摄《乞力马扎罗的雪》时还是没有勇气让故事有一个完美的结局。

## 经典案例

### 勇于探索的心

弗兰克·威尔斯（Frank Wells）是华纳兄弟公司的总裁，毫无疑问，在电影行业，他已经攀登上了自己职业生涯的顶峰。他经常回忆起自己还在加州珀玛纳学院读书时的那些日子，那时他最大的愿望就是能够成为第一个登上珠穆朗玛峰的人。这是在那个时代最能让他出名的事情。他至今还记得自己在 1953 年经历的一件事情，有一天，学生会的一个人给他打来电话，告诉他“已经有一位名叫希拉里的家伙刚刚登上珠穆朗玛峰了”。

第二年，他拿到了罗德奖学金，前往牛津大学读书，假期快要到来时，他开始计划进行一次声势浩大的历险。他认识的一位朋友拥有飞行员执照，所以他们二人凑钱租了一架飞机，商量着要一起飞往开普敦，然后再飞回伦敦。由于他们租的飞机每次只能飞 500 英里，中途要在二十多个国家落地加油，所以弗兰克的主要工作就是负责联系这二十多个国家的落地许可。就在旅程开始的前一天，这位朋友给了他一本关于导航的书，说自己太忙了，根本没时间看。弗兰克一夜没睡，读完了飞机飞行中所有关于导航问题的基础知识，然后他们就开始起飞了。就在飞机快要到达位于肯尼亚和坦桑尼亚交界处的乞力马扎罗山时，弗兰克突然建议两人一起去登山。

弗兰克·威尔斯和他的朋友设法爬到了山顶，这成为他们一生中最重要的时刻。但他们却没有继续前往开普敦。离开乞力马扎罗之后不久，他们便因为事故而紧急迫降，只好匆匆结束了这次飞行。

回到家以后，他开始把自己的攀登热情转移到职业生涯上。直到26年以后，他才开始了自己的第二次攀登，这次的目标是法国的勃朗峰。他一直想要登上欧洲最高的山峰，就这样，一个新的梦想在他的心中扎下根来。既然已经登上了两个大洲的最高峰，为什么不去登完七大洲的山峰呢？很快，他便为自己确立了新的目标，要成为第一个登上所有七大洲最高峰的人。即便是后来发现勃朗峰并非欧洲最高峰（最高峰是位于俄罗斯境内的艾尔布鲁斯［Elbrus］峰），他也并没有因此灰心。他找到了53岁的迪克·巴斯（Dick Bass），这位大洲雪鸟滑雪公司的老板有着跟他一样的梦想，于是二人开始了一段新的冒险。

刚开始时，他并没有把这件事情放在心上，只是在工作间隙偶尔抽时间做些练习。他和迪克见面之后不到几个星期，二人便决定要攀登艾尔布鲁斯峰——因为当时迪克正要前往欧洲为经营滑雪胜地寻找一些灵感。艾尔布鲁斯峰海拔18 510英尺，并没有乞力马扎罗峰高，但此时弗兰克已经比第一次攀登乞力马扎罗的时候老了28岁。最终他在距离峰顶1 500英尺的地方筋疲力尽。回到美国之后，他决定加强锻炼，于是前去攀登华盛顿州的雷尼尔峰（Rainier）。因为雷尼尔峰只有14 410英尺高，所以对一位曾经计划要攀登珠穆朗玛峰的人来说，应该根本不是问题，但尽管如此，弗兰克还是在接近峰顶的时候败下阵来。

最终弗兰克意识到，要想实现自己的梦想，就必须把登山变成一项全职工作。但真的值得为此辞掉他在华纳兄弟的工作吗？要知道，他辛勤工作了数十年才登上娱乐行业的巅峰，而且他怀疑自己一旦辞职，这一生可能都不会有人再给他机会领导一家大型娱乐公司。经过两年的痛苦挣扎之后，他最终还是决定辞职。

但仅仅下定决心并不能保证弗兰克一定能实现自己的梦想。他充满热情地跟迪克一起攀登阿根廷的阿空加瓜峰（Aconcagua），这次他登上了20 500英尺的高度，创造了个人的最好纪录，但尽管如此，他还是在距离峰顶2 300英尺的地方停了下来。

虽然接连遭遇失败，但弗兰克还是决定继续自己攀登珠峰的计划。

他和迪克参加了试图从西藏境内从北坡攀登珠峰的罗·惠特克（Lou Whittaker）行动。这次行动先后有两人分别遇难，其中一位是迪克的雪鸟度假村的滑雪教练麦蒂·霍伊（Marty Hoey），此人曾经与他们一起攀登阿空加瓜峰。尽管如此，登山计划还是继续进行，最后一位登山者到达了距离山顶 1 500 英尺的地方，而弗兰克也创造了自己的最新记录，登上了海拔 24 000 英尺的地方。

最后，情况开始发生变化。1983 年，弗兰克和迪克决定再次攀登南美最高峰阿空加瓜峰。后来他们又再次攀登海拔 29 028 英尺的珠峰，但最终没能成功。就这样，弗兰克每一次攀登都有新的进步，他还攀登了南科尔峰（South Col），并在 26 200 英尺的地方搁浅，距离峰顶还有 3 000 英尺。事实上，如果不是因为一位登山者生病，弗兰克相信自己完全有可能成功登顶。没过多久，弗兰克决定第三次登顶珠峰，此后他先后登上了阿拉斯加的麦金利山和非洲的乞力马扎罗山。后来他们又回到了俄罗斯的艾尔布鲁斯山，并于当年 7 月成功登顶。

他们的下一站是南极洲的文森山（Vinson），由于运输物资极其困难，这次攀登成为二人的一场噩梦。文森山的高度只有 16 067 英尺，并不算高，但偏远的地理位置和多变的天气却成为二人所面对的最大挑战。后来他们决定去攀登七大洲中最容易攀登的一座，海拔只有 7 310 英尺的澳大利亚科西阿斯科山（Kosciusko，显然，他们决定不去考虑印度尼西亚境内的爪哇山［Java］——虽然此山也属于澳洲大陆，而且海拔也高达 16 500 英尺）。

到此为止，只有一座高峰了——珠穆朗玛峰。别忘了，二位登山者没有一位是职业登山者，而且此时两人都年事已高，从理论上说，他们已经不再适合攀登 20 000 英尺以上的高度，更不要说 29 028 英尺，已经先后有 50 位顶级登山家遇难的珠穆朗玛峰了。

弗兰克的妻子卢安娜（Luanna）决定说服他停止冒险，她告诉弗兰克，如果再不罢手，他唯一的结果就是丧命珠峰。最终迪克·巴斯独自继续自己的登顶计划，并成为第一位成功登上全球七大高峰，而且是年龄最大的一位登山者。

在他们的著作《七大高峰》(*Seven Summits*)一书中，两位作者对这段故事做了精彩的讲述，但对于弗兰克·威尔斯登山之后的经历却并没有做任何介绍。放弃华纳兄弟总裁职位之后，弗兰克感觉自己已经为了这一人生梦想而牺牲了自己的职业生涯。可让他万万没有想到的是，当他回到美国之后，沃特·迪斯尼工作室向他伸出了橄榄枝，聘请他担任公司总裁，后来的事情就很简单了，他率领着新团队取得了令人难以置信的成功，自己的职业生涯也再次达到了新的高峰。事实证明，离开华纳兄弟公司是弗兰克一生最明智的决定之一。虽然他后来在一次直升机滑雪中因故丧生，但如果没有一颗敢于探索的心，他的职业生涯可能永远都不会达到那样的高度。

弗兰克·威尔斯的故事给我们带来怎样的启示呢？你根本不需要在历险和成功之间作出选择。千万不要认为你要为了工作而牺牲个人生活。如果你真的需要作出牺牲，我觉得你付出的代价就太高了。高效能人士知道，你根本不需要在职业生涯和人生历险之间作出选择。你可以二者兼得，因为他们相信，一个人在追求探险过程中所表现出来的能量和动力同样会推动自己的职业生涯不断前行。

尤其是当你在某一个行业中处于顶尖地位——比如说像弗兰克那样——的时候，你可能更不愿意舍弃自己的职业生涯。我的高尔夫好友迈克尔·克罗（Michael Crow）曾经在一个周一的早晨给我打来电话。他想要飞往英格兰去参加自己弟弟的50岁生日派对，派对在周五举行，如果他能及时赶到，不仅可以参加派对，还可以在那里过上一个周末，观看在离家不远的地方举行的莱德杯（Ryder）高尔夫比赛。虽然他不愿意给自己放假，而且花那么多钱去做这些事情也会让他有一种罪恶感，但当他最终决定还是要去的时候，我还是为他感到自豪。过不了多久，他就会忘记这次旅行到底花了多少钱，但这次旅行所带给他的回忆，却会永远伴随着他。

## 罗杰手记

### 开始我的环球之旅

还记得在 20 岁那年，我就加入了英国一家主营电视和家用电器的零售连锁店，开始了一段很有前途的职业生涯。从我当时的表现来看，不到一年，我就可以升任这家连锁店的店面经理。就在这个时候，我得到一个机会可以作为一名随船摄影师前往地中海进行一次为期两周的旅行。如果我干得好，这家公司还会派我去其他游船上拍照，这样我就可以成为该公司的一名全职摄影师。

想想看：我当时只有 20 岁，我住在家里，完全没有任何经济负担。我那时面临两个选择，一方面是一份很有前途的工作，另一方面是一个一生难求的机遇，我可以看到整个世界。回头想想，我觉得作出这个决定根本不需要超过 10 秒钟时间，但当时我的确犹豫了很久。最终我决定放弃那份很稳定的销售工作。就这样，一位羽翼未丰的探险家决定伸开自己的翅膀，开始了自己的全球之旅。这是我作过的最聪明的决定，这份工作把我带到了美国，一年之后，我作出了移民加利福尼亚的决定。

如今我每年都会抽出两个月左右去世界各地旅行，在这两个月当中，我会推掉任何演讲业务。我的助理们甚至不会告诉我这段时间有人希望邀请我去演讲，因为他们很清楚我会作出怎样的决定。虽然有时他们也会因为客户的热情而忍不住给我打电话："罗杰，你知道吗，你还没动身，这次旅行已经花掉了你 30 000 美元！"没关系。我希望 20 年后我仍然为演讲这份工作保持热情。这种充实、兴奋、带有探险色彩的生活可以让我的热情和精力保持不衰。

需要指出的是，并不是需要进行环球之旅才能让你成为一名探险者。关键是你的态度，而不是目的地。可能你一直梦想着能在圆石滩（Pebble Beach，加利福尼亚的一处度假胜地。——译者注）打一场高尔夫或者租艘游船泛舟维珍群岛。现在就动手吧！我敢保证，你的花费根本不会像你想象的那么高，而且从长远来看，这些经历根本不会花费你任何东西，因为它可以换回你的热情和能量，花掉的钱很快就可以赚回来。

## 探索“少有人走的路”

不一定非要登上世界最高的山峰才能成为一名探险者。只要学会了驾驭机缘的力量，你就可以把日常生活中最平常的事情变成令人兴奋的历险。在英国作家霍勒斯·沃波尔（Horace Walpole，1717 — 1797 年，被认为是哥特式小说最重要的代表人物之一。——译者注）根据波斯童话改编的《斯里兰卡的三个波斯王子》（*The Three Princes of Serendip*）一书中，他讲述了三个波斯王子一次偶然而幸运的历险故事，后来随着这个故事的传播，“机缘”（Serendipity）这个词开始逐渐流行开来。时至今日，人们常常用这个词来形容那些“不期而遇的幸运经历”。

我非常喜欢旅行，但却很讨厌作计划。所以每次我坐上飞机，准备随缘而动的时候，我都会有一种巨大的兴奋感。我发现，一旦我放松自己，让奇妙的旅程自动上门的时候，很多令人兴奋的经历就会自然而然出现在我身上。

正如罗伯特·佛罗斯特（Robert Frost，1874 — 1963 年，美国著名诗人，被认为是美国近代历史上最重要的诗人之一，曾四次获得普利策奖。——译者注）所说的那样，“少有人走的路”才是最令人着迷的，因为在道路的尽头，往往会有一些令人意想不到的事情在等着你。

凑巧的是，弗罗斯特有一种令人欣喜的幽默感，而且还有一种高效能人士所特有的玩世不恭。他一生因创作了大量描写自己家乡新英格兰美景的作品而闻名。据说有一次，在参加完一场宴会之后，他和几位客人一起去阳台上看落日。“哦，弗罗斯特先生，落日多美啊，是吗？”一位年轻的女士不由惊叹道。弗罗斯特一边搂着这位女士，一边微笑着说道：“我从来不在饭后讨论工作。”

我还可以举几个关于机缘的例子。1977 年，我和一群朋友准备前往珠穆朗玛峰脚下的登山大本营。关于这次旅行，我在后面还会详细谈到。我们当中有四位来自加利福尼亚，一位来自亚利桑那，但我们决定还是分头前往尼泊尔，在那里碰头，然后一起前往珠峰大本营。在前往尼泊尔首都加德满都的路上，我在伦敦作了次短暂停留，去看望我最敬爱的舅舅（他当时已经癌症晚期了），然后又在新德里稍作停留。我以前曾经到过印度，但却从来没去过新德里，所以我很好奇地想了解那里人们的生活。我本可以请旅行社为我安排一场三天的旅行，这样我可以坐巴士跟大家一起四处看看，但我还是决定随缘而动，这样会带给我更多的乐趣。很多人在旅行时总是害怕错过什么景色，因为他们担心自己以后可能再也不会回到这个地方了。我不这么认为，我总是相信自己迟早有一天还会回到这里，所以我更愿意花时间去看自己想看的东西，而不是在导游带领下慌乱地从一个地方赶到另一个地方。每次外出旅行时，我都会遵循一个原则：从来不因为害怕错过某个景色而失去享受惊喜的机会。

第一天早晨，我离开酒店，在政府大楼附近繁忙的车流中徜徉。我坐在马路附近的草地上，等待机缘降临。过了一会儿，一位玩蛇人和他年轻的助手走上前来，他们一边放下自己的竹篓，一边开始跟我交谈，“他们要干什么？”我心里暗想。然后玩蛇人开始吹笛子，这让我大感兴趣，因为我很清楚，真正唤醒这条蛇的，并不是他的笛声，而是玩蛇人用脚在竹篓附近踏出的节拍。

慢慢地，竹篓的盖子开了，一条毒蛇开始在空中摆动身体。我递给玩蛇人几个卢比，然后起身离开了。这显然不是我所期待的机缘。接下来我背着背包在大街上晃悠，看着旁边滚滚而去的车流：有坐着裹着长布条女士的摩托车、马车、6 人座儿敞篷小公共，还有脚蹬的黄包车。

这使我想到了甘地，当有人问他如何看待西方文明时，甘地回答道：“我觉得那是个不错的概念。”关于这位伟大的领袖，我印象最深的就是，虽然他的保护人蒙巴顿（Mountbatten）伯爵坚决反对，但甘地还是坚持选择跟普通人一样的交通工具。所以当甘地决定要跟贱民们一起乘坐火车时，蒙巴顿伯爵就会偷偷地——在甘地不知道的情况下——安排那些经过筛选和安全检查的乘客坐在他身边，一切就像蒙巴顿曾经抱怨过的那样："他根本不知道，让他保持贫穷是一件多么昂贵的事情。"

## 罗杰手记

### 流浪汉带给我的惊喜

半个小时过后，一位年迈的印度人走到我面前。虽然身上的衣服显然很旧了，但他谈吐文雅，衣着整洁。他告诉我他名叫尼尔森，跟特拉法尔加之战（Battle of Trafagar，19 世纪世界上最大规模的一次海战。一位名叫尼尔森的子爵在这次海战中率领英国舰队打败了如日中天的拿破仑舰队，进一步奠定了英国海上霸主的地位。——译者注）中的主人公之一同名。他年轻时学英文还是因为一位英国军官的命令。我们聊了一会儿，慢慢开始彼此熟悉起来，然后我问他是否愿意带我参观这座城市。他提出的导游费很低，每天只有 5 美元。

尼尔森接下来陪了我三天，带我看到了印度人眼中的新德里。我们尝试遍了各种交通方式，选择在最有当地特色的餐馆里吃饭。他带我看了甘地墓，告诉我这位最后的印度领袖是如何真正理解这个民族的灵魂的。那天晚上，我们在老城墙观看了一场声光秀，我从中了解到了蒙古人、穆斯林以及后来的英国人是如何彻底改变印度文化的。就这样，三天之中，我对印度的了解要比坐巴士旅行几个月都多。我跟尼尔森约定，等我结束珠峰之旅回到新德里的时候，我们再见面。

一个月后，我再次回到这座城市，因为预定旅馆出了问题，所以我不得不搬到另外一家酒店。因为担心酒店门卫不会让一个看起来像是乞丐的老人走进酒店，所以我特地关照酒店门童要仔细留意尼尔森。当天下午，尼尔森找到了我，他的样子看起来像是一个月没洗澡了。我借给他我的剃须刀，告诉他可以在卫生间里想待多久就待多久。

第二天，我们一起乘车前往著名的泰姬陵。尼尔森并没有带我直接去泰姬陵，而是先去了亚穆纳河 (Yamuna) 拐弯处的一座城墙。他本来可以告诉我泰姬陵在哪儿，可他并没有这么做，而是让我自己去发现。我当时正在慢慢地爬上城墙，顺着河道望去，不远处正是河水蒸发的水雾中若隐若现的泰姬陵。

刹那之间，眼前的泰姬陵让我感到一种巨大的震撼。很多人都在照片上看到过巴黎的埃菲尔铁塔，看到过伦敦的塔桥，但这些建筑实际上都跟照片差不多，以至于你刚看到它们时甚至会感觉有些失望。只有泰姬陵是例外。无论你看到过多少关于泰姬陵的照片，相信你亲眼看到它的那一刹那都会感到震撼。众所周知，泰姬陵是莫卧尔王朝国王沙杰汗 (Shah Jahan, 约 1592 — 1666 年，印度莫卧尔王朝的第五代皇帝。——译者注) 为了纪念陪伴了自己 19 年的妻子而修建的。这座建筑一共动用 20 000 名工人，耗时 22 年。如果仔细观察，你会发现泰姬陵上每一平方英寸都是一幅绝美的艺术作品。它表面所覆盖的大理石马赛克可谓巧夺天工，任意取下一块都可以在博物馆里进行展览。

就在要返回加利福尼亚的前一天晚上，我们一起在新德里最好的餐厅之一大吃了一顿，尼尔森吃饭的样子就像是一头正在拼命喝水的骆驼，我知道他可能要过很长时间才能再次享用这样的美食了。分别的那一刻，我们眼里都饱含泪水，因为我们知道可能再也见不到对方了。

如果让旅行社为我安排行程的话，我或许能够看到更多，但直到今天，跟尼尔森相处的那些回忆仍然在我的脑海中徘徊。就这样，一位身无分文，晚上只能睡在大桥底下的流浪汉让我的这次旅行成了一生难忘的回忆！想想看，如果我们愿意去探索罗伯特·弗罗斯特所说的“少有人走的路”，那么我们的生活该会变得多么丰富多彩！

只要你愿意，机遇总是会在生活旅途的每一个拐弯处等着你，但只有当你学会赶走探索未知世界时的恐惧之后，它们才会出现在你的面前。要想脱离那些自己已经习以为常的生活轨迹，我们就必须学会保持开放的心态，保持足够的勇敢。“每天都有成千上万个奇迹在发生，那些不相信这个事实的人，不是没有看到就是没有听到。”

**高效能人士相信，只要你能敞开怀抱，令人兴奋的机遇随时都可能降临到你的头上。**记住，千万别让恐惧战胜你探索未知世界的欲望，只有随时敞开心灵的大门，机缘才会让你的人生化成一次令人兴奋的历险。

## 怎样把你的生活变成历险

你可能感觉这一切似乎都过于不切实际。你可能会想："罗杰，听起来似乎你已经很长时间不食人间烟火了。我根本不可能去周游世界。我每天都在挣扎求生。我的丈夫卧病在床，孩子也整天逃学，这些都很让我担心。"这时我会告诉你："我总算及时找到你了。"

那些总是在为生活担忧的人犯了一个最基本的哲学错误。我们都很容易犯这样的错误，我也是用了很多年时间才真正明白到底是什么在让我们处境如此悲惨了。如果想要把自己的生活变成一场历险，如果想要从生活中得到更多的回报，你必须学会不再对生活中所发生的事情进行归类。发生在你身上的事情既不是好事，也不是坏事，它们只是生活的一部分而已。你越是把生活中所发生的事情归类为"好事"和"坏事"，你的生活就越是一团糟。

我并不是说你要回避那些不好的经历。比如说一位母亲告诉自己的女儿："亲爱的，别对那人用情过深。他只会让你心碎。"心碎有什么不好呢？心碎可能是生活带给你的最细致的体验之一了。想想看，如果她的女儿因此决定一辈子小心翼翼，不再让自己有任何心碎的经历，她的一生将会错过多少欢乐和刺激啊！

不久之前，S.L. 波特（S.L.Potter）在加利福尼亚一座 210 英尺的高塔上做了一次蹦极表演。这绝不是一次普通的蹦极，因为波特先生此时已经 100 岁了。他的两个孩子，一个 68 岁，一个 74 岁，都前往现场观看。波特先生说道："我告诉他们，'如果我死了，那就死吧。'考虑到这样的事情的确可能发生，所以我让每个人都带把铁锹和拖布。"干得棒极了，波特先生！

如果你总是刻意去回避生活中那些所谓的"坏事"，你的生活就会出现很多空白。正如居斯塔夫·福楼拜（Gustave Flaubert，1821 — 1880 年，法国 19 世纪中叶重要的批判现实主义作家。——译者注）曾经说过的那样：“如果一个人没有试着在太阳升起的时候走出妓院，看着旭日初升，感觉自己像从灰尘世界跳进大河一样，那他一定会错过一些美好的东西！”

我要说的是，这个世界本身就是一种心理现象。年轻时我曾在斯里兰卡遇到一位僧人，他给我念了一小段经文。原文我已经记不清了，但它传达的信息却深深改变了我的生活。他说：“我以前经常诅咒那些飞入我药罐的苍鹰。后来我遇到了佛（就是指发现了真理)，现在我祝福苍蝇罐里的药膏。”

## 罗杰手记

### 不可爱的漂亮女士

我曾经前往圣托马斯岛潜水。我觉得那是世界上最美丽的海滩之一。那里的景色就像是一幅明信片的画，一排排的棕榈树沿着海岸线一字排开，尽头是一块弯月形的陆地伸入大海。沙滩柔软，海水碧蓝，我把潜水地点选在了海湾入口处的珊瑚礁处。前往潜水地途中，我旁边坐着一位非常迷人的女士，我微笑着问她：“感觉怎么样？”

“糟透了。”她告诉我。

“那可真是太糟了。出了什么问题吗？”

“我是坐游船来这儿的，那是我这一生中最糟糕的经历了。食物难吃，船舱就像是养马场，同行的人也都很无聊。我现在就想回家。”

“真是不幸，”我告诉她，“你应该乘坐我们那艘游船。那里的食物棒极了，每个人都过得很开心。”

她一下子打起了精神，问道：“听起来真不错。你坐的是哪艘船？”

“嘉年华号。”

突然之间，她勃然大怒，以为我是在拿她寻开心。“我也是在嘉年华号上。”她愤怒地说道。

我们一起潜入水中，各种各样的热带鱼令人着迷地在身边游来游去。向导给我们提供了装有狗食的塑料袋，我们可以取出狗食，亲手喂这些美丽的小鱼。真是太棒了。突然之间,这位女士开始用力拍水，冲向水面。我赶紧跟了上去，看看到底发生了什么事情。“我的耳膜要破了。”她尖叫道。

“我们只是在水面以下 10 英尺,”我告诉她，“这种深度不可能破坏你的耳膜。”

“就是要破了，我得赶紧去找医生。我要立刻离开这个鬼地方。”正像我说的，天堂原本是一种心理现象。

还记得我跟你说过孩子们第一次去迪士尼乐园的情形吗？就好像成人要面对很多生活中的不愉快一样，他们也要面对很多让人不愉快的事情——可怕的过山车，大雨，排队……但无论如何，他们总会把这些看成是一次有趣的经历。换个角度想想看，如果你每天都送他们去迪士尼乐园，连续去一个星期，结果将会怎样？他们会有何反应？可能会跟所有人一样。他们会逐渐养成自己的好恶。他们会比较喜欢一些游戏，并开始讨厌另外一些游戏。他们会对有些游戏更加疯狂，而有些游戏则会逐渐变得毫无吸引力。就这样，他们很快就会对这些游戏失去兴趣，再过一个星期，他们会兴趣全无。千万不要让你的生活中也发生这样的事情。不要去评价任何经历，遇到任何事情时，不要去妄加评判，“我喜欢这个”或者“我讨厌那个”。发生在你身上的事情既不是好事，也不是坏事，它们只是生活的一部分而已。

随着一个人的成长，他会渐渐发现一些“坏事”会发生在自己身上。在我遇到的人中，只有很少人会告诉我自己生活中其实并没有发生什么真正糟糕的事情。几乎每个人，如果你了解得足够深入，都会遇到一些糟糕的事情。比如说美国有 60% 的人都曾经接触过精神病患者，25% 的女性在年轻时受到过来自父亲或继父的性骚扰，每个人都曾经因为自己的情人或孩子而有过伤心的经历，大多数人都至少经历过一次失败的婚姻，几乎所有人都必须面对父母的离世。每个人都会遇到这些事情。值得高兴的是，你可以选择对待这些事情的态度。你可以让它们摧毁你，也可以像一位探

险者那样告诉自己 :“这难道不是非常有趣吗？我从没想过一个人可以伤心到这种地步。现在我感觉好像有人打了我肚子一拳，虽然我知道这只是伤心的感觉罢了。这种感觉太糟糕了！不知道它还会持续多长时间？”

下次遇到这种“坏事”时，不妨尝试好好享受一下这种体验。不要去忽略它——那是一种非常愚蠢的做法。一定要告诉自己,这些所谓的“坏事”其实是生活中最细致的体验之一。所谓的“好事”和“坏事”，其实只是你的个人反应而已。你越是把生活中所发生的事情归类为“好事”和“坏事”，你的生活就越是一团糟。

明白这点以后，你就会进入一种美妙的精神状态。这时你就会明白，快乐其实并不是悲伤的反义词，胜利并非战败的反义词，成功也不是失败的反义词。它们是相互包容的，就好像牡蛎壳里的珍珠一样。

## 不要去抱怨那些无谓的事情

高效能人士为什么有那么大能量去完成所有那些令人兴奋的事情呢？其中一个主要原因是，他们并不会浪费时间去抱怨那些无谓的事情。他们不会走上大街示威游行，去反抗某个遥远的外国政府。他们不会想着去改变别人的生活方式。他们也不是伟大的社会改革者，因为他们根本不觉得这个社会需要改革。

正因如此，你才会发现他们会现身于塔希提岛或新西兰的游艇港，而不是终日待在办公室。这些人知道休息的重要性，知道该暂时脱离权力和公司生活的荣耀，他们相信，只有这样，他们才能去实现自己的梦想。无论做任何事情，他们都会充满热情，干劲儿十足。

最为重要的是，他们会对世间的一切充满令人难以置信的热情和好奇。他们把自己看成是世界公民，能够与来自各种政治派别、宗教背景的人和睦相处，而丝毫不会感觉有必要说服对方接受自己的观点。他们对生活有一种特殊的热忱，这种热忱可以超越日常生活方式，所以他们能够从生活中获取一种难以言表的快乐。

# 对自己的生活负责

SECRET NUMBER 2

Power Performers
Take Charge of Their Lives

他是福特公司 CEO，突然被解雇，
两周后成为克莱斯勒汽车公司当家人，
他的秘诀是什么？
他身价千万，最疼爱的女儿却因吸毒死亡，
面对命运的打击，他是怎么做的？

**高效能人士的第二个秘诀在于，他们总是对自己的生活负责。**一旦意识到自己是唯一能对自己的未来负责的人，你就会释放出难以置信的能量。那些没什么成就的人总是认为自己的生活是受外界控制的。他们总是希望能够有一位救世主来帮助自己，或者总是为自己的失败寻找借口。虽然高效能人士也会遇到类似的问题，但他们非常清楚，没有什么能够阻挡自己得到自己想要得到的东西。

在你的生活中会出现 3 个骗子，他们宣称能够控制你的未来。一定要留意这 3 个骗子，随时警惕他们的出现，揭露它们的本来面目。它们根本没有能力去影响你的生活。首先让我们一一揭露这 3 个骗子。

## 骗子 1：环境

首先，如果总是觉得环境能够控制自己的生活，你就不可能充分发挥自己的潜力。有些人一辈子都在抱怨自己生活的环境，总感觉是环境影响了自己的生活。事实上，造成你今天的处境的，并不是你所生活的环境，也不是你的父母。正如乔治·萧伯纳（George Bernard Shaw, 1856 — 1950 年，19 世纪末 20 世纪初英国最杰出的剧作家，曾获诺贝尔文学奖。——译者注）

在其名著《华伦夫人的职业》（*Mrs. Warren's Profession*）中所说："一个人要想在这个世界上取得成功，就必须学会找到自己需要的环境，如果找不到，就去创造它。"

失败者会说："我出生在贫民窟。从小我的目标就是不要坐牢，好好活着。"高效能人士则会说："我出生在贫民窟，但我不会让这件事影响我的生活。外面的大街是通向成功的高速公路，它可以带我离开贫民窟。就算是要一寸一寸地爬，我也要离开这个地方，再也不回来了。"

失败者会说："我的父母是墨西哥农场的农民，他们不识字，更不会写字。在我小的时候，我们总是从一个农场搬到另一个农场，到处找工作。因为他们从来都没钱让我上学，我既不会说英语，也不会写。你不可能指望我这么一个人能取得多大的成就。"高效能人士则会说："所有这些都是事实，但我不会让自己的过去影响自己的未来。我会比任何人都更加努力地工作，我可以弥补自己受教育不足的缺点。我一定能出人头地。"

失败者会说："我从来都不是聪明的人。上小学时我成绩一直很差，总是赶不上别人。高中时我每天醉生梦死地混日子，完全是靠运气才拿到毕业证。我这样的人根本不可能获得成功。"高效能人士则会说："可能我的确不是一个聪明人，但我会更加努力地工作来弥补这些劣势。如果需要从事高智商工作，我可以聘请高人来为我思考。"

**所以说，高效能人士总是拒绝让环境影响自己的未来。**正如加州水晶大教堂主教罗伯特·舒勒（Robert Schuller）在他的《可能性思考者》（*Possibility Thinkers*）一书中所写的那样："哪怕面对一座大山，我都不会退缩！我会继续攀登，直到翻过大山，哪怕是要挖隧道，我也不会放弃。"

## 经典案例

### 从林是中立的

我在英格兰度过了童年，那段时间里我最喜欢的一本书是弗雷德·斯宾塞（Fred Spencer）所写的《丛林是中立的》（*The Jungle Is*

*Neutral*）。斯宾塞是一位在二战期间驻扎在新加坡的英国士兵。他的部队驻扎在印度洋和南中国海交界的地方，唯一需要防御的就是来自海上的攻击。

整个英国驻军的防御基本上是单边的，因为英国人坚信日本人根本不可能穿过半岛北部的丛林对他们进行袭击，部队可能遭遇的任何攻击都只可能来自海上。奇怪的是，丘吉尔居然对此一无所知。他曾经下令一定要阻止日本人沿着半岛南下，但另一方面，他却也坚信，即便日本人果真从北方发起攻击，丛林的阻挡也会让他们花几个月的时间。直到 1942 年 1 月 19 日，丘吉尔才知道，他的部队基本没有办法去阻挡日本人的进攻。他在自己的回忆录中写道："我本来应该知道的。我的顾问应该知道，他们应该告诉我这件事情，或者我至少应该想到去问一下。我之所以没有了解这件事，原因就在于，虽然我对新加坡防守提出了上千个质疑，但我从来没有想过这个国家居然没有任何陆地防御工事。"

2 月 15 日，就在丘吉尔发现新加坡根本没有陆地防御工事不到一个月之内，日本军队抵达新加坡。当时英国人的食品供应只剩几天，水的储备量还不够一天饮用，几乎没有任何弹药。日本人要求英国人无条件投降，最终不费一兵一卒占领了新加坡。

斯宾塞逃脱了日本人的魔爪，在丛林里生活了 9 个月。日本人占领新加坡之前，虽然斯宾塞所在的部队就驻扎在丛林的边缘地带，但他对丛林了解甚少，只是道听途说一些关于丛林的故事，而且这些故事往往都是相互矛盾的。

有人说丛林是一个非常恐怖的地方，到处都是毒蛇和毒虫，丛林里的果实都含有剧毒，吃上一口就足以致命，丛林里的野兽也非常凶猛。所以这些人相信，任何人只要在丛林里迷路，等待他的就只有死路一条。还有人告诉斯宾塞，丛林是一个非常好玩的地方，简直就是一片热带农园，到处是甘甜的水和新鲜的水果。换句话说，这是一个可以轻松生活的地方。

在丛林生活的9个月中，斯宾塞亲身体验了丛林里的生活，并最终写成了《丛林是中立的》一书。斯宾塞发现，丛林既没有试图消灭他，也不是传说中的热带农园。他发现，自己能够活下去完全取决于自己的努力。对于斯宾塞来说，丛林是中立的。当一个人在丛林生活的时候，他完全可以创造出自己想要的生活环境。

我并不是说生活的环境就是一片丛林，它远远不止如此。但二者之间绝对有很多相似之处。生活本身既不会消灭你，也不会造就你。生活是中立的，你为它付出了多大的努力，它就会带给你多少欢乐和富足。

所以我们可以得出结论，环境并不会影响我们的成就。我们所在的环境是中立的，既不能毁灭我们，也不能造就我们。

## 骗子 2：其他人

你总以为你能有多少成就是由别人决定的。如果没有其他人的帮助，你根本不可能成为一名高效能人士，你不可能独立实现自己的成就。但是，如果你认为其他人能够决定你的成败，那你永远都不会成为一名高效能人士。

失败者会说："我双亲（或者是孩子和配偶）卧病在床，我必须照顾他们。我根本不像其他人那样可以随心所欲，我别无选择。"高效能人士则会说："我可以给予别人必要的关心，但这根本不会毁了我自己的生活。"

失败者会说："我的上司觉得我是白痴，所以我在这家公司根本不可能有机会。"高效能人士则会说："上司总是来来去去，有些喜欢我，有些不喜欢我。我不会让他们影响我自己的生活。不管怎么说，如果实在不能在这家公司有所发展，我会另谋高就，好在这不是我唯一的机会。真正让你脱颖而出的，是你怎么做，而不是谁喜欢你。"

失败者会说："我陷入了一场完全失败的婚姻，这对我简直是一场无穷无尽的折磨。想想看，每天的负面情绪都能抽干所有精力，我还有什么时间去考虑工作的事情呢？”高效能人士则会说：“我为这场婚姻所付出的代价实在太高了。不管付出怎样的代价，我都必须设法解决这个问题。”

音乐剧《安妮》（*Annie*）里面有一句非常受欢迎的台词。该剧的主题是围绕一位冷酷无情的亿万富翁沃巴克（Warbucks）展开的，他拥有整个世界，却丝毫没有爱。他邀请一位孤儿和自己共度圣诞节，并对此事大做文章。结果这位孤儿感化了富翁的内心，让他意识到，爱才是这个世界上最重要的东西。我所说的这句台词是孤儿安妮告诉沃巴克必须关心他人的时候沃巴克说的：“我不明白为什么要对那些不如我的人友好，反正我也不需要进入他们的生活圈。”观众可能会赞赏这句话的直白坦率，但这样想就错了。每个人都需要和其他人的互动。但高效能人士相信，如果让其他人控制你的生活，你就根本不可能激发自己的全部潜力。高效能人士明白，要想控制其他人，你必须掌握一些相关技能。我在《优势谈判》的图书和录音节目中都谈到了这些技能。掌握这些技能之后，你就不用再担心其他人会妨碍你实现自己的成就了。无论身处怎样的环境，你都知道该如何将他们切换到你的思路上来。

下面我来简单总结一下高效能人士的 8 项主要人际技能。

## 1. 合法力

头衔具有影响力。如果你有一个头衔，一定要用。把它印到你的名片上，写进你发出的邮件中，刻在你办公桌上的名牌上。担任某家大型房地产公司总裁的那段时间里，我会让每一个负责某一片区的业务人员在名片上都印上“片区经理”的头衔。他们告诉我，只要一看到“片区经理”这四个字，业主们的态度就会立刻发生变化。

职业称谓是另一种形式的合法力。如果你可以在自己的名字后面加上职业称谓，一定要加上。如果你没有任何职业称谓，不妨设法为自己争取一个。

另一方面，千万不要畏惧别人的头衔。有些头衔几乎一文不值。我女儿曾经在贝弗利山从事股票经纪人的工作，她所在的公司里有 35 位副总裁。

A.L. 威廉姆斯（A.l.Williams）是 A.L. 威廉姆斯人寿保险公司的创始人，这是一家直销型的保险公司，其业务主旨是鼓励人们将自己的终身保险转为定期寿险。他在自己的书《全力以赴》(*All You Can Do is All You Can Do*) 中骄傲地吹嘘自己曾经在一个月内任命了 100 位副总裁。如果他自己得和每一位新上任的副总裁握手，单单这一项就占去他大部分的工作时间了。

银行家们尤其善用头衔的力量，跟他们打交道时要尤其注意这一点。虽然你在跟一位银行副总裁交谈，但他可能根本没有任何权力批准你的任何请求。

## 2. 奖赏力

当你能够奖赏某个人时，你便对他拥有了一种奖赏力。不要总是想着别人能给你什么，要想想你能给他们什么，因为当你能够给予人们他们想要的东西时，他们就会给你你想要的东西。所以在试图说服人时一定要更多地强调收益，而不是功能。“这部车有双气囊”描述的是一项功能。“万一出了车祸，乘客气囊就可以保住你爱人的生命”则是一个收益。“这个咖啡壶是纯银的”描述的是一项功能，“它可以更好地保温，而且你的朋友也会更多地认识到你的品味”则是在描述收益。

反过来说，千万不要因为感觉别人能够奖赏你而有所畏惧。如果你感觉可以跟你做生意的人是在奖赏你，那你就给予他们惩罚你的权力。一定要坚信，你的产品或服务非常适合他们的需求，所以你其实是在帮助他们。

## 3. 强制力

当对方感觉你可以惩罚他们时，你就可以影响他们。一定要用一种微妙的方式使对方相信，除非跟你合作，否则他们就错失了良机。如果能让对方相信你最大、最好、最有资历、最有经验，或者能够针对他们的问题提出最佳的解决方案，他们就会把失去你当做一种巨大的损失。很多销售人员之所以失败，是因为他们在进行产品演示时，没有施加强制力。他们只是告诉对方，如果今天就作决定，可以享受怎样的优待，却没有告诉对方另一面。如果今天不成交，他们的后果将会怎样？他们明天、后天、下个星期、下个月还能获得同样的交易条件吗？

## 4. 敬畏力

一旦人们对你形成某种依赖，你就可以影响他们，这是最有力的影响因素。如果想要让人们对你形成某种依赖，首先你必须拥有一套固定的价值观——这时他们就会心甘情愿地接受你的领导。要想明白这一点，最简单的方式就是回顾一下美国历史上的几位总统。约翰·肯尼迪拥有敬畏力。当他谈到要将美国的领导移交给 20 世纪出生的新一代，当他将自己的总统任期描述为一场开拓之旅时，他其实是在宣扬一种带有理想主义的价值观。

吉米·卡特在这方面做得就不太好。他是美国历史上最勤奋的总统之一，毫无疑问也是最聪明的——他在大学里所修的专业是核物理。但尽管如此，他还是没有影响美国人民的能力，因为他看起来总是摇摆不定。你永远不知道他是否坚持着某件事，不知道当情况变得糟糕时，他是否还能坚持自己的观点。伊朗国王流亡期间，曾经希望前往纽约就医。而想进入美国，这位国王必须先拿到美国政府颁发的护照。刚开始时卡特坚决反对，因为他们知道这样做会引起伊朗方面的反对——当时的伊朗已经明显对美国有敌意了。但伊朗国王坚持要求美国政府颁发护照，卡特表示同意。消息传到伊朗，引起一片混乱。伊朗的恐怖分子冲进美国大使馆，劫持美国人质，卡特的噩梦开始了。他立即改变主意，再次拒绝伊朗国王入境，并建议后者前往巴拿马接受治疗。

我想罗纳多·里根肯定是不会这么做的。一旦作出了决定，里根就会坚决执行到底，因为他非常清楚这样做的重要性。和卡特处理护照事件形成鲜明对比的是，里根在处理亚瑟·阿拉法特的护照问题上的表现强硬许多。联合国邀请巴勒斯坦民族解放运动组织领袖亚瑟·阿拉法特前往纽约联合国总部发表演讲。同样，想要进入美国，阿拉法特必须先拿到美国护照，但里根表示 ：“对不起，我们今年不会给恐怖分子发护照。”联合国大会最终以 150 ：2 的投票结果决定将大会转移到日内瓦举行，在两张反对票中，一张来自以色列，一张来自美国。想想看，在这种情况下你会怎么做？你可能会觉得自己是在冒天下之大不韪，这种做法实在有些过激。但里根不会！一旦作出决定，就要坚决执行，因为只有这样，你才会拥有敬畏力。

## 5. 个人魅力

一旦人们喜欢上你，你就可以影响他们。在《说服人的秘诀》（*Secrets of Power Persuasion*）一书中，我曾经告诉大家该如何培养幽默感，以及该如何记住人名。我还说过，所谓个人魅力，其本质是一种将你的自我意识扩大到与你接触的人身上的能力。

## 6. 专业力

一旦对方把你看成是某个领域的专家，感觉你掌握一些他们所不了解的专业知识，你就会对他们形成一种巨大的吸引力。律师们会用一套全新的语言来让你相信他们掌握一些你所不了解的知识。外科医生们也非常清楚，只要让你相信他们的专业知识，你就会乖乖地听从他们的建议。需要注意的是，一定要当心别人用他的专业力来对付你。

## 7. 情景力

想像一下邮局工作人员的心理。在生活的其他领域，他们可能毫无权威可言，但一旦有了决定是否接受你的包裹的权力，他们便会拥有一种巨大的力量。建筑部门的人掌握一个项目的生杀大权，他们手握大印，完全可以决定你是否有资格盖一栋房子。一旦手里握着大印，他们便会觉得自己拥有了一种巨大的权力，而且他们绝对不想失去这种权力。

## 8. 信息力

人类有一种令人难以置信的好奇心，我们无法接受自己不了解的世界。把一头牛放在田野里，它会老老实实地在那里待上一辈子，根本不想知道山的另一边是怎样的情景。但人类却会投入 15 亿美元将哈勃望远镜送上太空，因为我们必须知道太空世界到底在发生什么。一旦能够理解人类的这种需求有多强大，你就会知道为什么那些知识渊博的人会对一无所知的人形成一种巨大的威慑力。

以上只是简单地介绍一下可能会对人形成影响力的一些因素，我只是想告诉你，除非你接受别人对你的影响，否则他们不会对你形成任何影响力。

我所遇到的所有不成功人士都有一个共同点，他们总是在抱怨别人。从现在开始，不要再怨天尤人了，对自己的生活承担起全部责任吧。我相信，你失败多少次并不重要，只有当你开始抱怨别人，你才会变成一名真正的失败者。抱怨的本质是一种逃避。在遇到压力的时候，有些人会用酒精逃避，有些人会成为工作狂，还有些人则会为自己找借口，通过抱怨别人来逃避压力。乔治·华盛顿·卡威尔（George Washington Carver）曾经说过："99%的失败都是来自于那些总是抱怨别人的人。"它会让你怀疑到底最前面的是什么——到底是借口在先，还是失败在先。没错，失败者总是会找借口，但那些会在事先给自己找好借口的人难道不是更容易失败吗？

我曾经为一名年轻人做过咨询，他在离开高中之后先后做过 35 份不同的工作。我让他列出他做过的所有工作，以及离职的原因。其中有 32 次都是因为他觉得上司是一个白痴。难道这不是一个惊人的巧合吗？据统计，美国大概只有 40 家公司是由彻底的白痴经营的，他一个人就碰上了 32 家。我告诉他，要想改变自己的生活，他首先必须学会对自己所遭受的一切承担起责任，而不要总是抱怨他人。

## 骗子 3：你的遭遇

这个骗子试图告诉我们，那些发生在我们身上的事情会决定我们的未来。一旦抱有这种想法，你根本不可能完全地激发出自己的最大潜力。高效能人士知道事实并非如此，真正决定自己的未来的，并不是那些发生在我们身上的事情。正如二战中海军上将威廉姆·F. 哈尔西（William F. Halsey）所说："这个世界上根本没有什么所谓的伟人。我们都是普通人，只有当遇到巨大的挑战时，我们才被迫成为伟人。”所以一定要接受发生在自己身上的事情，但不要相信它们能够决定你的未来。

失败者会说：“我大学毕业后就职的那家公司倒闭了，我被迫失业了。在今天的高科技时代，我根本没有足够的技能去找一份新的工作。我该怎么办呢？”高效能人士则会说：“我真是傻瓜，居然会相信只有公司才能为我提供工作。他们其实只是在购买我的技能而已。既然如此，我首先要做的就是去掌握一些技能，这样我就可以把它卖给更多的公司。”

失败者会说：“我身体残疾，没有人愿意雇佣我。我只能不断地拆东墙补西墙，凑合着过日子。”高效能人士则会说：“富兰克林·罗斯福也是残疾人，海伦·凯勒也是。既然他们能够让自己的人生发光，我也能。”

失败者会说：“我父亲在车祸中丧生，我必须中途辍学去照顾家人。现在我恐怕一辈子也找不到一份让人羡慕的好工作了。”高效能人士则会说：“没错，出现这样的意外的确会改变我的计划，但很多没上过大学的人也都取得了成功。我不会让这件事影响我的前途的。”

正如温斯顿·丘吉尔所说：“伟大的代价是责任。”

正因如此，高效能人士总是能够从不幸中迅速崛起。1978 年 7 月，李·艾柯卡（Lee Iacocca）登上了事业之巅。他在密歇根迪尔本市的总裁套房里运筹帷幄，他刚刚为福特公司连续两年创下新的销售记录，为公司赚了 35 亿美元的利润。他大学毕业后一直在福特公司，工作了 32 年，其中有 8 年担任公司总裁。突然有一天，亨利·福特把他叫进自己办公室，亲自将他赶出了公司。艾柯卡问福特为什么要这么做，福特含糊不清地说道：“哦，我就是有些不太喜欢你。”第二天一大早，艾柯卡就把自己的办公室搬到了一间仓库的一个小型过渡办公室。他并没有因为福特的做法而沮丧不已，因为他非常清楚，无论是福特还是其他任何人都无法左右他的命运。两个星期之内，他成为克莱斯勒的当家人，把自己人生中最大的不幸变成了最大的机遇。

阿特·林科莱特（Art Linkletter）看起来一帆风顺，他身价高达数千万美元，无论走到哪里，他都是受人欢迎的对象。可天有不测风云，他最疼爱的女儿因为吸食毒品而身亡。按照常人看来，这种打击可能会让他一辈子委靡不振，但林科莱特并没有这么做，他把这件事变成了自己打击毒品的动力。

我们也可以用两个年轻演员的例子来说明问题。一个叫博尔特·雷纳德（Burt Reynolds），另一位叫克林特·伊斯特伍德（Clint Eastwood）。20世纪50年代，这两位演员在同一天收到了环球影城工作室的辞退信，理由是这两位演员“根本不懂表演”。除此之外，当时没有人喜欢伊斯特伍德的表演，原因就在于他的喉结太大了。大家都觉得博尔特·雷纳德长得太丑了，所以根本没有人让他参演一些爱情电影。在自己最初的两部电影中，雷纳德扮演的都是强奸犯。最让人难受的是，当两位演员走向停车场的时候，他们吃惊地发现，虽然自己还没有离开，公司却已经让人用油漆刷掉了他们专用车位上的名字。三大电视网络同时取消了博尔特·雷纳德演出的电视剧：NBC 取消的是《船》（*Riverboat*），ABC 取消了《雄鹰》（*Hawk*），CBS 取消了《丹·奥古斯特》（*Dan August*）。但两位演员没有放弃，因为他们知道，真正影响自己的并不是外界发生了什么变化，而是自己如何应对外界的变化。

**高效能人士非常清楚，无论是环境、其他人，还是自己所遭遇的任何不幸，都不会影响自己的成就**。这样的例子可谓数不胜数。

◆ 海伦·凯勒 19 个月大的时候因为一场大病而丧失了视觉和听觉。6 岁那年，她的父母抱着最后一线希望向亚历山大·格雷汉姆·贝尔（Alexander Graham Bell）发了求助信，后者为他们介绍了一位家庭教师安娜·沙利文（Anne Sullivan）。后来在百老汇以她为原型创作的戏剧作品中，沙利文被称为一位“能创造奇迹的人”。沙利文当时只有 20 岁，还没有从失明的痛苦中完全恢复过来。她通过在手心写手语的方式教小海伦学会了各种事物的名称。她还教会海伦用盲文读书写字，并帮助她在学校里脱颖而出。

17年后，海伦·凯勒以优异成绩从马萨诸塞州雷德克里夫（Radcliffe）

学院毕业。此后她用一生的时间在世界各地发表巡回演讲（因为人们很难听懂，她在演讲中不得不使用翻译人员），告诉人们聋盲人士同样可以战胜逆境。她的演讲极富思想性，已经远远不再是一位残障人士在跟人们分享自己的人生经历了。她的很多名言都带给人们巨大的启发，比如说："安全在很大程度上其实是一种迷信。它本质上并不存在，而且人类也很少能感觉到绝对的安全。从长远来看，回避危险并不比直接接受危险更加安全。生活要么是一场大胆的旅程，要么就什么都不是。"就这样，海伦·凯勒用自己的言行感动和激励了成千上万人。

◆ 富兰克林·罗斯福出生于一个非常富有的家庭，但他的一生都在为穷人而奋斗。他生性害羞，由于非常羡慕自己的远房表哥特迪·罗斯福（Teddy Roosevelt，罗斯福后来迎娶了他的外甥女伊莲娜·罗斯福 Eleanor Roosevelt），罗斯福决心投身政治。成功完成纽约州参议员的第一个任期之后，由于患上伤寒症，罗斯福被迫放弃竞选第二任的计划，可让人万万没有想到的是，即便是这样，罗斯福还是再次当选为纽约州参议员。就在罗斯福第二任期结束之后，总统伍德罗·威尔逊（Woodrow Wilson）决定任命罗斯福担任海军部长助理。1920 年，罗斯福成为民主党副总统候选人，但在竞选过程中彻底败给了沃伦·哈丁（Warren Harding）。接下来在加拿大坎波贝罗岛休假的一年中，罗斯福患上了脊髓灰质炎，使他在很长一段时间内处于瘫痪状态。母亲建议他退休回到海德公园修养，但他的妻子告诉他："没有人能够让你内心感觉低人一等，除非你允许他们这样做。"并建议他继续从政。她认为这样做对罗斯福有好处，结果证明，这样做对整个世界都有好处。

1928 年竞选纽约州长期间，他的对手宣称，罗斯福体力不行，根本无法完成自己的工作，并宣称罗斯福甚至无法独立行走。作为回应，罗斯福发起了一场历史上最有活力的竞选大战。最终他打败了纽约前任州长阿尔·史密斯（Al Smith），赢得了竞选胜利。就这样，罗斯福战胜了残障，成为美国历史上最伟大的总统之一，他的故事也激励了无数后来者。

◆ 亚伯拉罕·林肯在成为总统之前所经历的挫折几乎令人无法想象。他的成功也激励了在他之后的所有政治家。他所遭遇的挫折包括：失业、破产、多次竞选失败，等等。他的亲人接连去世，其中包括他的弟弟和女儿，巨大的悲痛甚至让他精神失常，他四个儿子有三个接连去世，而他的遇刺也让他的妻子陷入崩溃。你还觉得自己是这个世界上最不幸的人吗？

◆ 温斯顿·丘吉尔对于英国人来说有着非同寻常的意义，这不仅因为他在二战中扮演了非常重要的角色，还因为他有不断战胜挫折的精神。他出生于英格兰的一个贵族家庭，本来他可以成为一个无忧无虑的浪荡公子，但他觉得生活太珍贵了，不希望把时间浪费在那些事情上。他的生活原本可以非常简单，但他却一生都在迎接挑战，他的伟大也正源于此。他小时候就读于伦敦附近的哈罗公校，由于英语成绩不合格，他整整读了三次八年级。后来回忆起这件事情时，丘吉尔说道："这段经历给我打下了坚实的基础……它让我对英语语言的基本结构有了深刻的认识。"

由于他高超的英语水平，他后来成为《泰晤士报》的一名记者。在报道布尔战争期间，丘吉尔成为战俘，后来成功逃脱。他的故事在英国引起了巨大反响，并使他最终在众议院赢得一个席位。

一战期间，作为海军部部长的丘吉尔第一次独立指挥的达达尼尔战役可谓是一场彻底的失败。由于他的失误，成千上万的英国士兵失去了自己的生命，丘吉尔也被迫辞职。但他并没有因此倒下，他反而把这件事情看成一次学习的经历，开始全力钻研战争策略。二战爆发不久，丘吉尔终于有机会率领英国抵御强敌，值得一提的是，他的这次机会并不是经过民选的，而是英国国王亲自任命的。上任几个星期之后，他就遇到了敦刻尔克大撤退，盟军的士气低落到了极点。德国军队从荷兰、比利时一路南下，包抄法国军队后路。英国军队在敦刻尔克海峡几乎全军覆没。如果不是当天海面出奇地平静，让英国军队得以搭乘小型游艇迅速撤离，英国恐怕就没有军队了。此事发生后，丘吉尔告诉内阁成员："先生们，坦白说，摆在我们面前的处境非常艰难，法军已经一败涂地，目前只有我们独立应对德国人。"

1940年9月15日，战争出现转折。"记得那是一个星期天，"丘吉尔在自己的回忆录中写道，"整件事就像是滑铁卢战役的翻版。形势对我们非常不利，我们的胜算微乎其微，一旦失利，我们所付出的代价将是惨痛的。我驱车前往欧克斯桥（Uxbridge），然后被带进一个防空作战室，那里距离地面50英尺。墙上挂着一幅巨大的作战指挥图，指挥图上的红灯表明我们已经派出所有的空中力量前往迎敌。我注意到我们的空军副元帅非常紧张，于是我问他：'我们还有多少后备部队？'他回答道：'没有了。'"

很快，成千上万架德国战机瞬间飞跃英吉利海峡，铺天盖地来到伦敦上空，宛如乌云压城。这时，所有能够起飞的英国战斗机都在空中严阵以待，所有能够执行飞行任务的飞行员也都赶到了第一线。

但即便是在如此危急的时刻，丘吉尔仍然拒绝承认形势已经失控。因为他曾经亲口告诉自己的人民，"虽然大英帝国已经存在了上千年，但这仍然是我们最辉煌的时刻。"

1941年10月，就在战争进行到最激烈的时候，哈罗公校邀请丘吉尔前往发表演讲。年轻的学生们掏出了铅笔，打开了笔记本，望穿秋水般地等待这位英雄人物的到来。一想到这位历史上最伟大的英国人将要在此分享自己的人生智慧，学生们就感到兴奋不已。几乎所有的英国首相都曾经在哈罗公校就读过，然后才上牛津或剑桥。丘吉尔知道，大英帝国可能无法再延续自己上千年的辉煌了，但他坚信整个民族的未来将握在这些年轻人的手中，所以他必须非常谨慎地选择措辞。

他站起身来，望着这些年轻人，沉默了很长很长时间。几十年的人生经历就像放电影一般在他的脑海中闪现，他要找出最恰当的字眼来打动这些孩子们。最终他发表了历史上最为简短的演讲,“永远,永远,永远都不要放弃!”然后就坐下了。

英格兰没有放弃,到了1945年战争结束的时候,丘吉尔这位战斗英雄开始竞选英国首相。由于他为英国人民所做的一切,这实际上可以被看成是一场理所当然的加冕,可是出乎所有人意料的是,最终社会党的克莱门特·阿特利(Clement Atlee)赢得了大选的胜利。虽然此时的丘吉尔已经七十多岁了,但他仍然拒绝把这看成是最终的失败。6年之后,丘吉尔率领保守党卷土重来,并最终成为英国首相。

纵观丘吉尔的一生,贯穿他人生轨迹的一条主线是一个坚定的信念:每一次挫败都蕴藏着成功的种子。

建议你去伦敦的时候,一定要去参观一下丘吉尔在二战期间指挥英军作战的防空作战室,那里离国会只有几百英尺,完全保留50年前的老样子,是一个非常令人着迷的地方。我曾经问过看护人,为什么直到1984年才将此地向外界公开。他用一种非常经典的英国腔告诉我:“说实话,先生,我们根本没想到大家会对这个感兴趣!”

只要看看这些英雄人物以及他们所展示出来的令人难以置信的坚忍,你就很容易想到这些人一定拥有一些超常的能力。但高效能人士不会这么想。在他们看来,英雄人物之所以成为英雄,最关键的一点就是他们相信,真正控制自己生活的,既不是命运,也不是其他任何人,而是他们自己。

接受事实吧,你完全、百分之百地要对自己的人生负责,对自己的过去、现在以及将来负责。

一定要小心那3个骗子,他们随时会出现在你家的门口,骄傲地宣称自己已经控制了你的未来。他们一定是在撒谎!这些因素都不会影响你的成就!**只有你才能掌握自己的未来!**

# 相信自己永远还有选择

SECRET NUMBER 3

Power Performers Know
That They Always Have Choices

他每天晚上都会坐下来写第二天的“职场星座运势”，
每次都很准，难道他真的精通星座运势？
一场大火烧毁了高档社区的一幢豪宅，
为什么它的主人反而认为是个千载难逢的良机？

如果用一个词来概括高效能人士最大的秘密，那就是“选择”。我认为这个词是英语中最重要的单词。相信你一定在汽车保险杠上看到过“我想去钓鱼”这样的字眼。每次看到前面的车子上写着这些字眼的时候，你会有何感想？我的想法是：“如果你真的想去钓鱼，那就赶紧去吧。我想能快点到达我的目的地，所以我不希望有人在前面挡着我的路。”

当然，他们的这些说法并不是真的。高效能人士相信，那些宣称自己“讨厌工作，讨厌每天早晨通勤，一心想去滑雪”的人，其实还是更愿意行驶在拥挤的高速公路上去上班。那些骄傲地宣称自己“想要去钓鱼”的人可能的确喜欢这项运动，但此时此刻，他们还是更愿意开车上班。除非自己愿意，否则没人能逼你去做一件自己根本不想做的事。无论身处何方，无论在做什么事情，都是你自己选择的结果。可能我需要很长时间才能说服你相信这一点，但一旦想明白了这个问题，你的生活就会发生巨大改变。

## 你已经在做自己愿意做的事了

你可能会说：“稍等，罗杰，你不明白，其实我真的想去滑雪，可如果这样做，后果会非常严重……”好吧，我们来看看情况会糟糕到什么地步。

比如说约翰，他是一个无可救药的滑雪爱好者。为了能离科罗拉多的滑雪场近一些，他想尽一切办法考进了科罗拉多大学。大学三年级的时候，他放弃学业，在阿斯蓬的水晶宫餐厅度过了 5 年时光，目的就是为了能够在业余时间去附近滑雪。他非常喜欢餐厅里欢快的气氛，大家甚至邀请他参加为客人举行的表演。他欣然同意，并投入了很多时间去排练。在这个过程中，他发现自己居然拥有一副好嗓子。曾经有一段时间，他甚至觉得自己完全可以靠唱歌为生。为此他还请退休的百老汇歌手苏珊为自己上了几堂声乐课。

苏珊认为约翰很有潜力，但她怀疑他是否有足够的毅力坚持下去。她警告约翰，这个世界上有着一副好嗓子的人成千上万，但最终却很少有人能够真正靠唱歌为生。苏珊还告诉约翰，如果他想要成为一名歌手，就必须百分之百地全心投入，要付出比自己想象的多得多的努力。果不其然，没过多久，约翰就放弃了成为歌手的打算。

一天晚上，一群年轻的女孩子在水晶宫餐厅就餐，当时约翰正在表演自己的拿手好戏，他专门把这首歌献给这些年轻的女孩子们，所有人都很喜欢他。女孩子们个个都很漂亮，但其中有一个女孩子尤其让约翰心动。她身材苗条，满头金发扎成了马尾辫。约翰唱完之后，所有女孩子都站起身来为他鼓掌，纷纷向他的制服里面塞钞票。

在回家的路上，约翰准备去喝一杯，没想到居然在酒吧入口处碰见了那位马尾辫。他邀请她一起喝一杯，女孩子把他介绍给了自己的朋友们。她的名字叫朱迪，是休斯敦一位石油大亨的女儿，她当时正跟自己的姐妹们在自家的度假村度假。那天晚上，约翰和朱迪一起参观了度假村，在接下来的三天时间里，他们一起滑雪。约翰感觉自己从来没见过这么美丽优雅的女孩子，她从山坡滑下时马尾辫儿随风飘舞的样子，还有她身材摆动时那优美的节奏都让他终身难忘。三天过后，朱迪的朋友们纷纷离开，但朱迪告诉她们自己想要再待上一个星期，约翰悄悄地搬进了朱迪的家庭度假村。

接下来的事情就很简单了，俩人迅速相爱，结婚，并生了两个孩子，如今约翰在丹佛市一家生产计算机零件的工厂工作。

此刻约翰正在去上班的路上，他的丰田车保险杠上写着“我想去滑雪”，车里的约翰一边沿着287号高速公路飞驰，一边听着广播里的滑雪赛事报道。山里刚刚落下了六英寸厚的大雪，正是一年当中最棒的滑雪时机。约翰很想去滑雪，但他旷工的次数实在太多了，如果再次旷工，他很可能会被开除。以他的工作表现来看，能够找到一份在超市里包装蔬菜的工作就已经很幸运了。朱迪的情况也好不到哪里，从她认识约翰的那一天起，父亲就要求她跟这个浪荡公子分手，朱迪告诉约翰，如果他再次旷工，她就带着孩子们搭乘下一班飞机前往休斯敦。约翰陷入了财务危机，他的信用卡透支已经接近上限，只要再刷一次卡，银行就会收回他的信用卡，他的信用记录从此毁于一旦。

好了，问题来了。约翰应该去滑雪还是继续去工作呢？你的答案应该是“去工作”，对吧？你坚信对于约翰来说，这才是唯一理智的选择。

不，他不一定要去工作。没有人必须要做什么事情。我们可以假设约翰是一个极富探险精神的人，他相信人的一生只有一次生命，每一天都应当充满激情，而不应该用来浪费在那些自己不愿意做的事情上。在这种情况下，你觉得约翰还应该去工作吗？

是的！但这次情况不同了。他之所以去工作，是因为他想去工作，而不是因为他不得不去。在考虑了所有情况之后，他发现自己此刻的最佳选择就是去工作。只要他能够接受这样一个现实，所有的压力都会烟消云散。只要抱着这样的心态，他就能在自己的工作中找到新的快乐。

詹姆斯·马修·巴里（James Matthew Barry，苏格兰小说家、剧作家，《彼得潘》作者。——译者注）曾经说过：“工作本身并不辛苦，除非你根本不想做眼前的工作。”通过把工作变成一件自己愿意做的事情，约翰就可以打破工作和游戏之间的界限。所以大多数人都很难判断那些高效能人士到底是在工作还是在游戏，因为他们主动选择去工作，所以对于他们来说，工作也就有了巨大的乐趣。也正因为如此，他们才会不遗余力地投入到工作当中。

## 学会爱上自己的工作

大多数人都相信，人这一生要想实现某个目标，就必须辛苦奋斗。麦当劳创始人雷·克罗克（Ray Kroc）就为自己的传记取名为《铁杵磨成针》（*Grinding It Out*）。克罗克相信，一个人要想取得成功，就必须比别人更加努力。哪怕是累得要死，无聊得要死，你也要坚持下去。对此我有不同的看法，虽然我很仰慕克罗克经营麦当劳所取得的成就，但我觉得他的这一观点并不适合所有人。没有人比我父亲工作更努力了，他 14 岁就辍学工作了。我的爷爷是一位酒鬼，所以父亲很小的时候就不得不去工作养家。他一辈子大多数时候都在伦敦开出租车，我至今还记得在我 7 岁那年亲眼目睹父亲一天工作的情形。他大部分时候都是在跟伦敦的交通、天气还有空气污染作斗争（如今伦敦已经解决了这个问题），除此之外，他还要面对来自成千上万个竞争对手的竞争。当时的出租车非常简陋，只有一个遮风避雨的顶棚和一面挡风玻璃，其他就完全暴露在外面。父亲每天要在这种出租车上工作 12 个小时，无论是寒冬、暴雨，还是酷热，都是如此。每天 12 个小时！可就算是这么辛苦的工作，也没能让他得到财务上的自由。

**高效能人士的秘诀并不是辛勤地工作，而是疯狂地爱上自己的工作，以至于愿意为此放弃其他一切。**只有这样，他们才能释放内心全部的能量。

要想学会爱上自己的工作，你必须首先明白一个问题：无论做什么事情，都是出于你自己的选择，而不是一定要做。你不一定要做任何事情。想想看，如果你知道自己不用再做任何自己不愿意做的事情了，你会对生活充满多大的热情，你的内心会释放出多大的能量？

## 生活中的事情只是你内心的映象

记得有一次，在我的研讨班上，我问下面的听众，你们当中有多少人愿意离开这里，去其他地方？然后我说了一个真的很棒的地方，比如说罗马的纳沃那广场（Piazza Navona）——这也是我最喜欢的地方之一。罗马是一座伟大的城市，纳沃那广场是这座伟大城市中最美丽的地方，四处都是画一般漂亮的建筑。来到纳沃那广场，不远处你可以看到世界上最漂亮的喷泉，其中有贝尼尼（Bernini）笔下著名的四河喷泉（Fountain of the Four Rivers）。在古代，纳沃那广场是古代罗马人举行马车比赛的地方。广场周围是很多漂亮的餐厅和路边咖啡厅。

“你们当中有多少人，”我问大家，“此刻更愿意待在这片广场的餐厅里？别忘了，这里可是阳光明媚，你可以享受世界上最美味的意大利午餐。”

在我向大家保证自己绝对不会生气之后，大家开始陆续举起手来。大多数人都表示，自己更愿意在罗马享受美食。

“并非如此，”我告诉他们，“事实上，你们更愿意待在这里听我演讲。你们已经证明了这一点。你们现在就坐在这儿，这就是最好的证明。”大家立刻惊呆了，我甚至可以听到他们脑子里在说“是的，可是……”

“我更愿意在罗马，”终于有人表示反对了，“可是我的假期已经用完了。”

“你可以辞职啊，但你选择不这么做。”

“我没有钱负担机票和酒店。”

“你可以用信用卡啊，或者你可以给旅行社开张空白支票，也可以去偷钱，或者可以卖掉你的房子或车子——但你选择不那么做。”

“我必须亲自经营自己的公司，没有人能够帮我。”

“哦，这么说你也可以让自己的公司关门，只是你没有选择这么做罢了。”

很快，他们就深刻体会了我的意思。我们今天的处境都是我们自己选择的结果，否则我们根本不可能这么做。

你可能会说“是的，不过……”，这说明你还是不太接受我的观点。不妨设想一下一位被歹徒劫持的商店老板。毫无疑问，他没有任何办法，只好乖乖按照歹徒的吩咐把钱交给对方——摆在他面前的选择都不是太有吸引力。但他仍然可以选择，不是吗？他仍然可以选择是否把钱交给对方。

只要按照这种思路继续想一想，你就会发现，商店老板之所以遭到抢劫，完全是他自己选择的结果。这个世界本来就是一种心理现象，你所看到的世界其实是你理解的世界。这听起来有些疯狂，是吧？其实不是。就拿刚才的情况做例子吧。歹徒走进商店，从腰里拔出抢来指着商店老板，大声呵斥对方掏出钱来。商店老板把这看成是自己遭到了抢劫。但这真的是抢劫吗？想想看：每年国税局和市政府的人都会让他掏钱上交，否则他就会受到各种形式的惩罚。但商店老板并没有把这看成是抢劫。他把这看成是纳税。两种情况其实并没有太大差别，要么交钱，要么受惩罚，但商店老板却把一种情况说成是纳税，另一种情况说成抢劫。所以非常明显，你生活中发生的事情其实只是你的理解而已。

山谷里发生了一场大火，火势汹汹，迅速蔓延到附近的高档社区。大火烧毁了两幢相邻的豪宅。其中一幢房子的主人认为这是自己人生中的一大悲剧。而他的邻居却认为这是千载难逢的良机，因为这样她就可以用保险公司赔付的钱重新盖一幢更符合自己心意的房子；两个人躺在病床上奄奄一息。其中一位不停地与死神作斗争，拼命想要延长自己的生命。另一位则感觉机会要来了，他相信自己很快就可以到另一个世界与耶稣在一起——很明显，你生活中发生的事情其实只是你的心理活动而已。

## 一个将永远改变你生活的理念

我们刚刚谈到的这个理念到底有什么意义呢？它会怎样帮助我们成为高效能人士呢？

可以毫不夸张地告诉你，这是你应该掌握的最重要的理念之一，它可以帮助你充分享受自己的生活，并在这个过程中完全释放你的所有潜力。

我可以举个自己的例子。在过去的几年中，随着我的录音节目《优势谈判》取得成功，我成为了一名职业演说家，在全国各地举办关于如何进行优势谈判、优势说服、自信决策，以及如何成为高效能人士的演讲。一方面，这些演讲为我提供了绝好的机会去游历整个美国和其他英语国家，但另一方面，有时离开家几个星期之后，我也会非常想念家里，非常渴望回到家里安静地待上一段时间。

我还记得有一次在丹佛机场的情景，当时我正要从西雅图赶往得克萨斯的阿玛利罗。穿过换乘通道时，我听到机场宣布飞往加利福尼亚安大略的航班即将起飞的消息。我在通道上站着看乘客们走向飞往安大略的飞机，要知道，我当时多想跟他们一起飞回加利福尼亚啊！我站在那里，脑子里浮现出我在南加州美丽的家园，山坡上那幢漂亮的房子，我甚至可以闻到四周花儿的芬芳，听到不远处高尔夫球场人们在打球的声音。我想到了我的孩子们，还有经常一起去打高尔夫的球友们。

虽然迫切想要回到家里，但我非常清楚，我不能这么做——因为我已经签了合约，承诺要飞往阿玛利罗发表演讲。我很清楚，违约可不是一件好玩的事。如果我真的因为一时冲动而没有遵守合约，这件事就会在经纪人当中流传开来，我很快就会彻底失业。

当你要做一些自己并不想做的事情时，你的表现就会大打折扣。但我相信，我们总是可以作出选择。所以我当时问自己，是否可以暂时忘掉前往阿玛利罗这件事，但另一个声音告诉我，绝对不要违反自己的承诺——但我可以让自己换个心态。我告诉自己："你之所以要去阿玛利罗，并不是你不得不去，而是你本人选择去。"

吉姆说道："我想要辞掉这份工作，但我不能这么做。要知道，再干 8 年我就可以退休了。"

他居然说只有 8 年时间。8 年！在这段时间里你几乎可以完成任何事情。如果他不喜欢这份工作，就不应该继续做一个被现实囚禁的倒霉蛋。吉姆应该告诉自己："我可以控制自己的生活，只要愿意，我随时可以改变自己的生活方式。但在考虑完所有选择之后，我决定还是继续从事现在的工作，再坚持 8 年。"

哈里说道："我很多年前就想投资房地产行业了，但我的妻子坚决不让我这么做。"你是在胡说八道，哈里。不要再继续当个失败者了。是你自己决定不再投资房地产行业，因为没有人能够控制你的生活，只有你自己可以。

玛丽说："我一直梦想着搬到阿拉斯加，但我不能这么做。我丈夫病了，当你需要照顾其他人时，你根本没有太多选择。"一派胡言，玛丽，你有各种选择。我并不建议你抛弃自己卧病在床的丈夫，独自一人前往阿拉斯加，但我坚信你完全可以不再做个烈士，你之所以这么做，完全是你自己的选择。

## 没有任何外力能控制你的生活

有时我们会感觉有种我们无法理解的力量在控制我们的生活。外部环境、责任、义务等都会左右我们的各种决定。它们会占尽我们的时间，吸干我们的能量，并由此控制我们的生活。当一个人无法控制自己的思想时，我们就称其为“精神问题”。一个人所能犯的最具毁灭性的精神问题就是相信自己无法控制自己的生活。一旦出现任何挫折，他们就会怨天尤人。

我相信生活中会有各种力量影响我们的生活，但同时我也相信人始终可以掌控自己的命运。很多人都会以为这个世界上有一种不可控的力量在伺机给我们制造麻烦，在我们即将成功的时候毁掉我们的前程。但我根本不相信这个世界上存在这样的魔鬼。我只承认有一种魔鬼，它隐藏在我们内心深处，总是告诉我们“你根本无法掌控自己的命运”。

在美国，我们都非常珍视选择的自由，不是吗？我们坚持要有宗教信仰自由，有言论自由，甚至要有携带枪支的自由——即便这样做已经严重影响了社会治安。1989 年，最高法院甚至宣布，人们可以烧毁象征着自由的美国国旗。你难道不觉得有些不可思议吗？

我们把自由放在高于一切的位置上，但在很多时候，我们却在制造一个让自己完全失去自由的世界。

举个例子：在本书前言中，我曾经鼓励你抽出一天时间，到一个完全安静的地方，仔细思考你的生活和你的人生方向。令人吃惊的是，很多人都告诉我他们根本无法做到这一点。他们希望能这样，但却无法做到。

“我该怎么跟我太太解释呢？”他们会说。

“我的上司根本不会给我假期。”

“孩子们需要我开车送他们去某个地方。”

如果总是在为自己设定各种条件，你怎么能指望自己的生活能够成为一场充满惊喜、兴奋与浪漫的历险，又如何完全释放自己的潜力呢？

很多人似乎是把生活看成是一个独立的实体，跟我们毫无关系，我们只是被放进生活的模式之中，甚至要完全改变自己去适应生活。

我们就是自己的生活。一旦生命停止，我们的世界就停止了——至少对我们来说是这样的。我们的世界只是在通过我们的意识而存在。只要改变对于这个世界的认识，我们就能改变整个世界——至少对于我们来说是这样的。

## 为什么不自己来写星座运势？

令人啼笑皆非的是，美国居然有那么多人都相信自己的命运是前世注定的，人类只能经历它，却无法改变它。同样令人感到可笑的是，美国几乎所有的报纸都会刊登星座运势的内容，数千万人每天都在研读自己的运势，却根本没有意识到其实自己才是命运的主人。

### 罗杰手记

#### 我的运势我做主

我第一次遇到里克·凯普勒时，他还在卡特里斯特集团（Catalyst）——位于伯本克，主要从事在电影中植入产品广告业务——担任营销总监。这家公司的创始人是两位聪明漂亮的女士，吉赛拉·科瓦奇和达布尼·戴。她们跟很多电影工作室都保持密切的关系，这样她们就可以帮助客户将产品广告植入电影之中。如果你曾经在电影中看到某位明星在打篮球，镜头显示那是斯伯丁篮球，那很可能就是卡特里斯特的杰作。如果你看到自己最喜欢的明星戴着阿玛尼太阳镜，或者是涂抹夏威夷防晒霜，那很可能也是因为卡特里斯特的安排。一天吉赛拉和里克邀请我到华纳兄弟工作室的执行官餐厅里共进午餐。见面之后，我问候里克过得如何。他告诉我："棒极了！今天上午一切顺利，跟我的星座运势完全吻合。"里克来自德国，他的声音听起来极像阿诺德·施瓦辛格。事实上，当他有一次在片场遇到施瓦辛格的时候，后者显得大吃一惊："哇，你的声音跟我一模一样！"

"你的运势也是这么说的？"我问道。

"是的。它说我今天早晨会成交一笔生意，结果我在跟对方吃早餐的时候就成交了。它还说今天午饭前会有一个重要客户给我打电话，想要跟我们签约，他们果然打来电话了。"

我说道："哇，你的运势的确非常具体。你看的是哪家报纸？"

"不是在报纸上看到的，"他告诉我，"是我自己写的！"

"你自己写的星座运势？"

"是的，我每天晚上都会坐下来，写出自己第二天的星座运势。真让人难以置信，几乎每次都是正确的。"

毫无疑问，里克就是一个懂得掌控生活的人。他从来不会让其他人来控制自己的未来，更不要说一个从未见过自己的人写的星座运势了。

很多人之所以感觉无法控制自己的生活，这就会让他们经常产生挫折感。每次看到报纸上的星座运势时，他们就会感觉自己的命运是上天注定的，自己根本无法控制。当这种心态发展到一定程度时，我们就称其为"精神病"。

你可能会说："谁？我？我可没有精神病。我总是能够掌控自己的生活。"哦，是真的吗？你是否经常遇到这种情况——你已经迟到10分钟了，可红绿灯似乎总在跟你作对？这时你就会想："为什么红绿灯总是在我迟到时跟我过不去呢？每次我提前出发时从来不会遇到这样的情况。我怎么这么倒霉呢？"这时你为什么不能接受现实，认识到其实需要改正的，是你总爱迟到的坏毛病呢？

你是否曾经在黑暗中一边摸钥匙，一边想："为什么要带这么多钥匙呢？其他人好像就不用这么做。为什么我这么倒霉呢？"这时你为什么不能接受现实，认识到你之所以遇到这个麻烦，完全是因为你自己的决定呢？

你是否经常站在空空的饮水机前，抱怨为什么总是没人及时换水桶？这时你为什么不换种思路，想想看，只要你能制订一个制度，安排具体的人来负责这件事情，这种情况就不会再发生了呢？

还记得该如何判断神经病和精神病之间的区别吗？你可以问他们 2 加 2 等于几。神经病很可能会告诉你他脑海中出现的第一个答案，甚至可能是一个非常荒谬的答案。所以他给出的答案可能是 72、149，甚至是 3 211。精神病则不同，他知道答案是 4，但他不喜欢这样的答案。他可能会说："为什么一定是 4 呢？太无聊了。我想其他人就不会遇到这个问题，他们一定不会说是 4。为什么这个世界是这样的呢？"

## 偷走自由选择权的 3 个窃贼

要想成为一名高效能人士，我们必须不断提醒自己自由选择的重要性，之所以要这么做，是因为有 3 个窃贼始终在我们身边四处游动，寻找机会潜入我们内心。

### 窃贼 1：群体压力

群体压力是一个很重要的因素——仔细分析一下，你会发现它也是一个非常可怕的因素。

1964 年 3 月，纽约皇后区，一位不到 30 岁的年轻女士晚上加班之后在回家的路上被人刺死。这位名叫凯瑟琳·吉诺维斯（Catherine Genovese）的女士 3 次逃离了袭击者的魔掌，结果后者足足用了 35 分钟时间才杀死她。警方在调查过程中发现，一共有 38 个人从自己的窗子中目睹了整个过程，但却没有一个人打电话报警。如果这只是一起普通的凶杀案，报纸并不会如此大张旗鼓地报道，可事情并没有那么简单。案件发生之后不久，《纽约时报》都市版记者 A.M. 罗森塔尔（A.M.Rosenthal）跟负责该案的警官一起共进午餐。罗森塔尔跟对方了解了一起皇后区谋杀案的情况，这位警官当时脑子里想的都是吉诺维斯案件，所以他错误地以为罗森塔尔问的是这件事情。警官愤怒地说，吉诺维斯被杀的时候，旁边有 38 位旁观者，为什么没有一个人拿起电话报警呢？

罗森塔尔让一位记者写了一篇报道来批判皇后区人们的冷漠。一周之后，这篇报道出现在了报纸的头版。其中写道：

> 直到今天，有着25年凶杀案调查经验的助理首席督察弗里德里克·M.卢森（Frederick M.Lussen）仍然感到震惊。
>
> 他可以如数家珍地说出许多凶杀案的细节，但却始终搞不懂皇后区到底发生了什么事——并非因为这是一起谋杀案，真正让他感到迷惑的是，为什么有那么多“好人”在现场，居然没有一个想到报警？

很快，全国的媒体都开始大肆报道这件事情，纷纷群起谴责都市人的冷漠。记者们采访了一些亲眼目睹案发过程的旁观者，发现他们也不知道自己为什么没有想到报警。有人表示自己不想牵涉进去，但当记者问他们为什么不给警察打个匿名电话时，他们也回答不上来。记者们最终得出结论，问题在于我们这个社会对发生在别人身上的事情太不敏感了。全美国的主持人们都在谈论吉诺维斯案件，把它作为一个反应现代人冷漠心态的经典案例。他们宣称，如今美国人已经成为一个冷漠到极点的民族，丝毫不会想到要去关心身边其他人。一时之间，整个民族都陷入了一种极度的沮丧。

但来自纽约的两位教授毕博·拉塔恩（Bibb Latane）和约翰·达利（John Darley）提出了异议，并随后开始了一场详细的调查。在对大多数旁观者进行大量采访之后，他们最终得出结论，凯瑟琳·吉诺维斯之所以在38位旁观者的眼睛下被害，完全是因为这些旁观者助长了杀人犯的残暴。

这起凶杀案发生在午夜。所有旁观者都可以看到其他旁观者也看到了犯人在行凶，但只要其他人没有报警，他们就感觉自己也没有必要去这么做。听起来很可怕，是吧？两位教授随后虚拟了一场紧急事件现场。结果他们发现，随着旁观者人数的增加，人们愿意伸出援手的概率开始逐渐降低。如果教授们事先安排一些“冷漠旁观者”，其他碰巧路过的人伸出援手的概率就只有10%。其他研究人员的发现也证明了两位教授的结论：旁观者会影响人们的行为，有他人在场时，那些平时很热心的人会表现出跟平时截然不同的态度。

## 罗杰手记

### 遇到热心人

记得有一次，我带孩子们去美意山去滑雪，傍晚的时候，我们开始驱车沿着 395 号高速公路驾车赶回洛杉矶。突然车子的右前胎爆了。我赶忙把车子停到马路旁边，希望能得到路过者的帮助。我们爬上了山顶，月光如水，一泻千里，远远望去，方圆 20 英里看不到一辆汽车路过。“别着急，”我告诉孩子们，“几分钟就能把备胎装上了。”

“备胎没气了。”我最小的儿子约翰平静地告诉我。他当时 8 岁。他几天之前就发现备胎没气了，但他觉得我要想的事情太多，所以根本没有想到要把这件事情告诉我。

看情况似乎我们要遇到大麻烦了。15 分钟之后，我们看到有一辆汽车从远处驶过来。很快，车子来到我们面前，一个非常友好的声音响起：“需要帮忙吗？”然后这位善良的男士开车带我们回到 10 英里之外的加油站，一直等到我们买了一个新的备胎，随后又带我们回到了停车的地方，帮我们换下了轮胎。他甚至不愿意收我们的油钱。换个繁忙的高速公路试试看。一天会有成千上万辆汽车经过，但可能根本不会有一个人愿意停下来帮你。之所以会这样，就是因为当人们看到其他人都对你的困难视而不见时，他们也会因为群体压力而漠视你的困难。

只要能够学会应对群体压力，我们就可以解决美国当前所面临的任何难题。比如说在我第一次前往澳大利亚发表演讲时，我吃惊地看到，无论是在研讨班上，在派对上，还是在餐厅里，都很少有人会在公开场合抽烟——这并不是因为澳大利亚政府有任何立法，而是因为人们已经普遍不再接受在公开场合抽烟的行为了。

在今天的美国，我们很少听到关于酒鬼的笑话，而在早些年，这种笑话非常普遍。就在“反醉酒驾驶母亲协会”向社会宣传酒后驾驶的危害之后，人们就开始避讳酒鬼笑话了。可一旦媒体开始向读者施加群体压力，整个社会都会出现精神问题。再没有比冷漠的大众更加可怕的暴力了——但你在看电视或读报纸的时候根本不会发现这个问题，不是吗？

**然而，高效能人士非常清楚，真正决定自己行为、价值观和人生态度的是他们自己。**当一个人总是想要跟周围人保持一致时，他就很难成为高效能人士。

如果肯·克拉根（Ken Kragen）会因为别人反对自己的做法而退缩，他就不会成为“人链美国”（Hands Across America，1986 年春季，美国人从东岸手牵手至西岸形成一条人链以唤醒人们对贫穷的注意。——译者注）和“全美援助非洲”（U.S.A. for Africa）的组织者。

不同的人受群体压力影响的程度是不同的。有些人很容易受自己的心情、态度和周围人观点的影响。如果同一屋子的人都很开心，他们就会变得很开心。听演讲的时候，他们会很容易受到感染，所以他们会成为很棒的观众。还有人则不太容易受到群体的影响——他们可以在新年之夜穿过时代广场，却不会感到一丝兴奋。

## 窃贼 2：渴望奖励

影响我们自由选择的第二个因素是：渴望得到他人的奖励。用心理分析术语来说，这是一种儿童心理。在加拿大籍心理学家埃里克·伯恩（Eric Berne）的《人类游戏》（*Games People Play*）当中，他提出了父母式、儿童式和成人式三种思维方式。人类内心深处通常有 3 种自我状态，在不同情况下，人类行为会受不同自我状态的主导。父母式自我状态会让人有一种想要控制情况的心理，这种心理源自于我们童年时代与父母相处的经历。儿童式自我状态让我们学会服从，这种心理同样源自于我们的童年。成人式自我状态则是我们在成长为大人的过程中逐渐形成的，它可以让我们在面对问题时保持冷静和理智。

埃里克·伯恩的理论可能是来自于西格蒙德·弗洛伊德，后者认为人具有超我（父母式）、本我（儿童式）和自我（成人式）3种心理状态。

◆ **超我** 弗洛伊德把“超我”描述成能够制约其他两种心理状态的一种自我状态。这部分心理状态通常来自于我们的父母。跟其他物种相比，人类依赖父母的时间要长得多，所以人类受父母影响的程度也会比较深。

在弗洛伊德看来，超我可以分解为两个部分：自我理想（ego-ideal）和意识（conscience）。自我理想包含父母对好（比如说整洁、礼貌、不留剩饭、衣着整齐等）和坏（比如说偷窃、大吼大叫、撒谎、触摸生殖器官等）的定义。这会让我们自然而然地形成一种内在的奖惩系统。50年后，我们的自我意识可能会告诉我们，“你工作很努力，可以给自己放个假了”或者“你一直对伴侣很忠诚，所以理所应当得到性生活上的满足”，等等。另一方面，我们的超我会告诉我们，如果犯错，我们就会遭到惩罚。所以当我们过于贪婪或者行为过分时，我们就会有罪恶感，我们会变得沮丧，内心感觉烦躁，或者甚至通过某种生理方式来惩罚自己。

高效能人士则会超脱这种心理状态。他们并不觉得自己要努力为自己争取到生活中那些美好的事物。比如说他们并不觉得自己要努力工作一辈子才有资格去环游世界。他们觉得自己本来就有权利去享受这一切。他们也不会因为自己犯了错而去惩罚自己，因为他们觉得犯错是成长过程中很正常的一部分。他们会原谅自己，决心以后不再让同样的事情发生，随后就会迅速回到正常的生活轨道上。

◆ **本我** 弗洛伊德把“本我”描述为“寻求立刻满足”的心理状态，尤其是在性和占有欲的问题上。弗洛伊德指出本我是人类“享乐原则”的一种体现，是人类通过寻求快乐来释放压力的一种方式。当一个婴儿感觉到痛苦或不适时，它会立刻作出反应。比如说当它感觉尿布湿了，它就会立刻大哭。一旦它感觉饿了，它也会大哭求救。随着年龄慢慢增加，小孩子会逐渐懂得，不应该让本我继续主导自己的行为，要学会用理智去控制自己了。有些孩子没能完成从本能到理智的过渡，最终变成了黑帮分子，一旦看到有人在嘲笑自己，他们就会拔枪相向；或者会变成强奸犯，一旦遭到女性的拒绝，他们就会采用强制手段满足自己的欲望。

◆ **自我** 弗洛伊德把自我描述成“与我们看到的自我最为接近的心理状态”。它是本我（它鼓励你做自己想做的事情）和超我（它告诫你不可冲动）相互调和的结果。弗洛伊德把这描述为“现实原则”，因为自我要比超我和本我更善于处理外部问题。比如说自我可以让我们暂时忍受压力所带来的不适和疼痛，帮助我们想出正确的应对策略。

**表 3-1 心理状态**

| 弗洛伊德 | 伯恩 | 描述 |
| --- | --- | --- |
| 超我 | 父母式 | 压制其他两部分 |
| 本我 | 儿童式 | 寻求立刻满足 |
| 自我 | 成人式 | 用理智去分析 |

埃里克·伯恩用游戏来描述这3种状态之间的相互作用。他还为这些游戏取了很多有趣的名字，比如说“这难道不是很可怕吗？”“你是怎么离开那儿的？”“我只是想帮助你”“我会给他们看”。正因如此，他的这本书被命名为《人类游戏》。

所以在父母式状态（此时人的超我占主导地位），我们会相信自己才是真正懂得什么是“对”和“错”的人，所以我们总是会不自觉地去左右他人的行为。比如说那位被歹徒用枪指着脑袋的店主可能会告诉对方，“你不能这么做！”当然，歹徒只要动动手指头就会把他干掉，所以店主其实只是在想象父母遇到这种情况会怎么做，他相信，如果自己的父母在场，是绝对不允许歹徒这么做的。

如果店主处于儿童式心理状态（此时他的本我占主导地位），他就会告诉歹徒，“请千万不要这么做”。在自己的儿童时代，他总是会希望得到别人的奖励，如果他仍然没有脱离这种状态，心理学家们就会认为此人仍然处于儿童式心理状态。处于这种心理状态的人在遇到问题时总是会回想自己在幼儿园的时光，所以他会很自然地希望从别人那里得到指示。按照弗洛伊德的说法，此时人们会用最直接的方式来缓解压力，回到令人愉快的状态。

**高效能人士则生活在成人式状态，他会用理性思维来主导自己的行为，此时他的自我占主导地位**。他会想，“这些混蛋手里有枪。枪里可能装有子弹。他可能会扣动扳机。所以现在我必须保持冷静，先把钱给他。”所以高效能人士很少会向上司抱怨自己一直没能得到欣赏。当一个人发出这种抱怨时，他其实是在让自己的本我占据主导地位，希望自己的抱怨立刻得到响应。高效能人士则会用一种更加理性的方式去思考，他们知道，自己想要的满足感一定是由内而外的。

高效能人士不会仅仅为了名和利而做某件事情；他们所追求的是实现重要目标之后的满足感。高效能人士之所以努力工作，并不是为了得到升职或加薪，他们这么做的目的是为了追求自己内心的满足。当然，升职和加薪肯定会有，但那只是他们努力工作的副产品而已。

## 经典案例

### 不要只为钱工作，钱会尾随而来

还记得查克·耶格尔在 1947 年进行人类第一次超音速的飞行吗？很多年来，人们一直在试图超越音速，这种尝试已经让多位飞行员付出了生命，所以很多人开始相信这个世界上根本不存在任何能够突破音速的东西。耶格尔也相信这一点。声音在海平面传播时的速度为每小时 760 英里，但在海拔 40 000 英尺的高度，它的传播速度则会下降到每小时 660 英里。二战期间追击德国飞机时，耶格尔的飞行速度曾经一度高达每小时 700 英里（1 127 公里），而且他并不是在高海拔位置打破音速的。尽管耶格尔也认为，如果他试图超越音速，巨大的气流就会把他的飞机拆个粉碎，但是他还是成功地完成了使命。

著名英国测试飞行员乔福里·德·哈维兰（Geoffrey De Havilland, Jr., 1882 — 1965 年，世界上第一架喷气式飞机的发明人。——译者注）曾经在一次试图超越音速的飞行中丧生，当时他驾驶的“雨燕号”（The Swallow）因为速度过快而解体。这件事让英国政府彻底放弃整个超音速飞行计划。

贝尔实验室曾经要求他们的测试飞行员斯里克·古德林（Slick Goodlin）驾驶 X-1 飞机进行一次超越声速的飞行试验，并答应提供 15 万美元的奖金——这在当时可是一笔巨款。但古德林以“过于危险”拒绝了这一任务。这架飞机实际上只是将四个液氧罐和酒精助力推动器组装到一起，驾驶这架飞机生还的可能性几乎为零。很快美国空军开始对贝尔实验室失去耐心，并要求对方立刻移交 X-1 项目。他们当时有很多项目正在排队——其中包括一个能够在 Mach 6 飞行的飞机设计方案，以核动力推动的轰炸机，以及一个将人类送入太空的项目——如果不能证明人类可以超越音速，所以这些计划都将搁浅。但如果没有一位飞行员有足够的勇气，人类就始终无法证明自己可以超越音速。当来自美国空军的博伊德将军邀请查克·耶格尔进行超音速飞行时，他所考虑的一定不是金钱——对他来说，每个月 200 美元的津贴已经足够了。

## 窃贼 3：害怕惩罚

渴望奖励的对立面是害怕惩罚。不幸的是，人们之所以会产生这种心理，往往是因为我们童年生活在富有敌意的环境中。那些从小得到父母之爱的孩子长大后会变得极其自信，拥有很高的情商。而那些从小在批评声中长大的孩子则会缺少自信，他们会在生活中经常受到来自女朋友、妻子，以及上司的打击；有时他们甚至会用一种极富仇恨和敌意的方式回击这些打击。

如果你碰巧“有位朋友”非常缺乏自信，恐怕最好的建议就是建议他加入国际演讲俱乐部了。这个俱乐部在全美，甚至全世界，都有成千上万个分部。它的主要目标就是培训人们能够在一群人面前发表公共演讲。该组织的创始人拉尔夫·史沫特莱博士相信，一个人只要敢于在公众面前公开演讲，他就会在一对一交流的时候变得更加自信。

而且我相信，要想成为一名高效能人士，你首先必须克服与人相处的恐惧。我在《说服人的秘诀》一书中对这个问题进行了详细的阐述。

## 经典案例

### 热爱工作的重要性

自然摄影师尼尔·雷蒂格的一项重要工作就是在南美圭亚那大山里的一棵木棉树上通过取景器观察哈比雄鹰喂食下一代的过程。为了能够观察清楚，他必须找到距离这只鹰足够近的位置，一想到这只鹰随时都可能会扑上前来攻击自己，雷蒂格就情不自禁地哆嗦一下。要知道，这可是世界上最有攻击性的雄鹰，它的双翼伸开足有 6 英尺长，爪子像熊爪一样锋利，如果雷蒂格没有穿上防弹背心，这只鹰一下子就可以撕开他的胸膛。很多年前，他曾经亲眼目睹过一只哈比雄鹰以每小时 50 英里的速度俯冲而下，从树上抓走一只巨大的猴子。

雷蒂格用了几个星期的时间才找到了这只鹰的巢穴，又用了一个星期时间搭建了掩体来放置摄像机。为了爬到搭建掩体的地方，他不得不找到一棵高大的木棉树——这棵树足足有 200 英尺高，枝繁叶茂，浓荫蔽日——用弓箭把渔线射上木棉树顶，再用一根粗一点儿的线拴到渔线上，然后再把绳子拴到粗一点的线上。这样他才可以用登山者们所谓的升降器爬上树顶。为了不打扰目标,他每天只能工作一个小时，并最终在与鹰巢同一棵树的另一个树枝上搭建了一个小型摄像机掩体。在接下来的 6 个月里，他每个星期工作 7 天，每天工作 10 个小时潜伏在狭小的掩体中。每天晚上太阳完全落山后，他才会从绳子上爬下来，步行30分钟回到自己设在丛林中的帐篷里。第二天破晓，他又会回到掩体里，重复前几天的工作。丛林阴热潮湿，他的衣服从来没有干过，甚至连皮肤都发霉了。他为什么会做这一切？因为他想要拍到小鹰第一次飞行的情景。想想看，如果你能像雷蒂格一样热爱自己的工作，你该会取得多大的成就啊！可你能想象吗？在我们的都市里，学校的老师们居然会走上街头示威游行，原因就在于他们不满足学校只给自己加薪5%。

如果仅仅是为了金钱和名望，弗兰克·辛屈纳（Frank Sinatra，20世纪最具影响力的歌手之一，先后获得9座格莱美奖。——译者注）还会继续全心全意地投入创作吗？当然不会。他之所以这么做，就是因为他热爱创作。鲍勃·霍普（Bob Hope，1903 — 2003年，美国著名喜剧演员。——译者注）会在八十几岁的时候为了金钱继续拼命吗？据说他当时的身家已经高达4亿美金，20年前就可以在万众瞩目之中光荣退役。他之所以继续表演，就是因为他热爱自己的工作。

你可能会说："只要一有了钱，我也可以去做自己想做的事情。现在我只能忍辱负重，努力赚钱。"想想看，如果你能找到自己喜欢做的事情，想办法通过做这件事赚到钱，这难道不是更好吗？高效能人士绝对不会仅仅为了钱去做一件事，他们甚至会为了做自己想做的事情付钱给别人。他们知道，自己的这种心态会让金钱尾随而至。

高效能人士非常清楚，真正能够决定自己未来的，不是命运、机遇，也不是一个人所处的环境，而是自己所做的一系列选择。所以一定不要让这3个窃贼偷走了你作出选择的自由。

## 选择才是控制你未来的力量

你所作出的选择控制了你的过去和现在，现在我们看看它们是如何控制你的未来的。

你感觉自己对未来有多大的控制权？100%？可能是 75%？50%？25%？还是一点控制都没有？

20 世纪 50 年代，我在伦敦读书的时候，前苏联人入侵匈牙利，阿拉伯人和以色列人在兵戎相见，当时世界上普遍有一种情绪，认为地球很快就会陷入毁灭。有些人因为感觉自己对未来毫无掌控，只能任由命运发落而辍学。越南战争期间，美国也弥漫着同样的情绪。

大卫·里恩（David Lean）在他的电影《阿拉伯的劳伦斯》（*Lawrence of Arabia*）当中完美地表现了当时人们心中的这种情绪。你还记得劳伦斯跟一群阿拉伯人在风暴中穿越沙漠的情形吗？T.E.劳伦斯雇佣了一位名叫加西姆的阿拉伯人，结果发现这个家伙人品极差，所以劳伦斯打算在到下一个城镇之后就将其解雇。风暴过后，人们找到了加西姆那头带有来复枪和食物的骆驼，但加西姆却不见了。劳伦斯知道，沙漠中的高温可以让人一天毙命，如果没有水的话，只要一两个小时就会让一个人失去理智。当时他考虑是否要另请一位阿拉伯人去沙漠里寻找加西姆——因为阿拉伯人显然要比他这个英国人更加懂得沙漠。劳伦斯既不想失去自己的生命，也不想因此放弃拯救加西姆，但他坚信，既然加西姆是他请来的，他就必须对加西姆的生命负责。阿拉伯人劝说他不要去冒险，因为是命运决定加西姆要在沙漠中丧生，他不应该去抵抗命运。

尽管如此，劳伦斯还是独身一人回到了沙漠。最终他在沙漠中找到了奄奄一息的加西姆，并把他带回了自己的部落。在他的经典之作《智慧七柱》（*The Seven Pillars of Wisdom*）一书中，劳伦斯生动地描述了他找到加西姆时的情景：

> 我骑着骆驼走了一个半小时，这段旅程非常轻松，微风拂面，吹掉我布满血丝的眼睛上的沙粒，我几乎感觉不到任何疼痛；突然之间，我看到前面有一个影子，可能是一片灌木丛，或者至少是一堆黑色的东西。移动的海市蜃楼让我无法分辨具体的高度和距离，但这个东西似乎正在我们的东面移动。我立刻调转方向，几分钟之后，我看清那

> 就是加西姆。听到我喊叫的声音之后，他满脸迷惑地站在那里；我赶上前去，发现他眼神迷茫，几乎要瞎了，他僵直地站着，双手伸向我，干裂的嘴唇不停地喘着粗气。阿吉尔把所有的水都给我了，我立刻疯狂地把水喷向加西姆，溅得他满脸都是，他也顾不得那么多了，立刻大口喝了起来。慢慢地，他开始恢复理智，跟我说起了自己的遭遇。

但就在第二天，阿拉伯人发现加西姆在偷窃，于是宣布判处他死罪。行刑完毕，一位阿拉伯人告诉劳伦斯："你看，是命运让他死的！不管你怎么挽回，都无法逃脱命运的控制。"

对于高效能人士来说，生活的乐趣就在于自己可以掌控它。而对于另外一些人来说，生命就像是天气，你只能接受它，却丝毫不能改变它。对于高效能人士，生命是一次辉煌的旅程，一次令人激动的历险，自己可以通过每天所作出的成百上千个选择来谱写生命的旋律。

这里我要给大家布置一份作业。我希望你能够选择去做这份作业。我希望你能抽出一天时间,列出你所作出的所有选择。比如说早晨一睁开眼睛，你就可以决定自己是否要起床。在上班路上，如果被追尾，你可以选择发火还是不发火。上班迟到了,你可以选择是否有罪恶感。财务部门打来电话，他们需要你的帮助，你可以选择去还是不去。上司打来电话，让你去办公室挨训，你可以选择耐心听完或者甩手而去。把自己一天之内所作的选择统计出来。一定要留意那些会影响你所作选择的因素，"我可以不去上司办公室，但恐怕那样会挨罚。"让这些因素影响你的决定并没有什么不好，只是千万不要让它们控制你的决定。在这个过程中，你就会真正明白到底是谁在控制你的生活。

千万不要让这 3 个窃贼偷走你的选择自由，相信自己，只要掌握了选择的自由，你就掌握了自己的未来。

SECRET NUMBER 4

# 真正重要的是探险的过程

Power Performers Know That The Journey's the Thing

他曾为他的国家赢得第一个“美洲杯”帆船大赛冠军，

却拒绝再次参加这个比赛，为什么？

作为达美乐比萨饼店的创始人，

当他终于见到“麦当劳之父”时，

为何拒绝接受偶像对自己经营饼店的建议？

想象你是一位真正的高效能人士。比如说你是莱因霍尔德·梅斯纳尔（Reinhold Messner），世界上唯一一位攀登过全世界最高的 14 座山峰的人。这也就意味着你登上了所有超过 8 000 米的高峰。此刻你正在再次登上珠穆朗玛峰，但这次你是在创造历史——你要独自一人登上珠峰。

两年之前，你曾经和彼得·哈伯勒（Peter Habeler）一起登顶珠峰，并且成为世界上第一个不带氧气登上珠峰的人。就像很多专家预测查克·耶格尔根本不可能超越音速一样，专家们也同样断言你根本不可能在不带氧气的情况下登上海拔 8 848 米的珠峰。当埃德蒙德·希拉里（Edmund Hillary）在 1953 年登上珠峰时，他曾经摘下氧气面罩 10 分钟，拍下自己登顶珠峰的照片。他的这一行为第一次向人类证明，在这一海拔摘掉氧气面罩并不会立刻让人失去意识。当你一开始宣布要为此次攀登筹集资金时，全世界登山界一片哗然。专家们纷纷在电视谈话节目和新闻发布会上断言，这个世界上根本不会有人不带氧气登上珠峰，就算你能登上峰顶，也会在下山的过程中遇难，就算能够侥幸存活，你也会变成植物人。这些专家的言论一度让你对自己产生了怀疑，但这些怀疑很快被转化成更加坚定的斗志。你相信，要想在不带氧气的状态下登顶，唯一的办法就是在最后一段路程加速，把两天的攀登缩短到一天，这样就可以大大缩短你在 8 000 米高空停留的时间。这也就意味着你只有 8 个小时登顶，而且你还可能会在下山的过程中产生雪盲症状。

可攀登之后所发生的事情让你大吃一惊。当初宣称你根本不可能实现这一壮举的登山工程师们表示拒绝相信你成功登顶的事实。你所拍摄下来的东西根本说服不了他们，他们说你可能把氧气藏在了身后。即便你的登山伙伴也不支持你。一时之间，你在世界登山界的地位开始陷入崩溃。但作为一名高效能人士，你登山的目的并不是为了得到外界的认可，而是要丰富自己的人生。

于是你又自己出钱回到了珠峰，准备再次独自登顶。此刻你离开自己的同伴加拿大记者内那·霍尔金（Nena Holguin），他在海拔 21 000 英尺的地方停下来了。你要独自完成后面的攀登，你孤身一人，没带任何无线电设备和氧气，你要成为历史上第一位独自登顶珠峰的人。离开同伴之后的第一天，你路过的一座雪桥崩塌，你掉进一个似乎深不见底的裂缝，最终神奇地被一个小冰台挽救了生命。在接下来两日两夜的时间里，你唯一的同伴就是高空缺氧所带来的幻觉。

1980 年 8 月 20 日，你再次成功登顶。后来你在自己的日记里这样描写最后几米的攀登："最后几米的路程似乎永远看不到尽头。我的体温已经低到无法承受的地步，我甚至怀疑自己是否还能活下去。最后几米，我实在走不下去了，只能跪着往前爬。剧烈的疼痛一直伴随着我；我这一辈子从来没有感觉如此疲劳。"

你想要留下一些证据，于是你坐在雪上，将摄像机放在你脚下前中国登山队 5 年前留下的三脚架上。所站之处，你看到白雪盖顶的群峰绵延无尽，每一个方向都延伸数百英里。

在这个历史性时刻，你有何感想？兴奋？自我满足？一种能够持续一生的满足感？来看看莱因霍尔德·梅斯纳尔是怎么说的吧，"我像石头一样呆坐在那里，感觉空荡荡的。"

莱因霍尔德·梅斯纳尔的感受是所有高效能人士都共有的——辉煌只是一瞬间的事情，真正的享受来自于攀登过程中的刺激，而不是到达终点的那一刻。

## 经典案例

### 为什么一个民族英雄会主动叫停

约翰·贝特朗(John Bertrand)曾经驾驶“澳大利亚二号”(Australia Two)在“美洲杯”帆船赛中取得胜利，为澳大利亚赢得132年来第一个“美洲杯”冠军。在7场比赛的前4场当中，贝特朗接连失利，但他随后神奇般地反败为胜，一鼓作气连赢3场。1983年9月的时候，你很难想象人类历史上会有任何一个英雄能受到像贝特朗一样的待遇。

正如他在《生为赢家》(*Born to Win*)当中所说的那样，“整个澳大利亚的香槟全部卖光，一瓶都不剩。金色和绿色的帽带也卖完了——这两种颜色象征着澳大利亚二号。整个大陆都沸腾了。政府宣布全国放假。在罗德岛，我们的小办公室里，电子打印机一刻不停，整整持续了两个星期。头条一直都是像《悉尼早间先锋报》的这条报道一样：‘自1945年停战以来最大的新闻——这场胜利把整个民族团结起来了’。比赛的最后一刻恰好在深夜，几乎有1 600万人一夜未眠。第二天早晨，往常堵得水泄不通的悉尼大桥一片空荡，总理鲍勃·霍克(Bob Hawke)走上电视，号召公司经理们不要因为迟到而开除下属。悉尼机场陷入瘫痪，飞行员和乘客们都不愿意离开自己电视或收音机。”

几个星期之后，当贝特朗作为观众观看墨尔本马拉松比赛时，选手们纷纷停止比赛，逐个上来跟他握手。

那么为什么到了1987年的时候，贝特朗竟然会拒绝再次参加“美洲杯”呢？“上届美洲杯结束的那一刻起，我就知道自己不可能再参加这种比赛了。我这一生都在寻求不同的挑战。我必须不断实现不断放弃自己的野心。我必须让自己感受到一种狂热的求胜欲，我的一生都是如此。我必须扩展自己的视野，为自己确立新的目标。”

约翰·贝特朗知道，人生的快乐在于实现目标的旅途之中，而不是实现目标的那一刻。

## 达美乐创始人：永不停止前进

汤姆·莫纳罕（Tom Monaghan）也是一个很好的例子。他于 1937 年出生于密歇根州安阿伯市，直到今天，他的公司总部仍然设立在这里。他的父亲是一名长途汽车司机，在汤姆 4 岁的时候因溃疡出血去世。接下来的一年里，一对德国夫妇照顾汤姆——虽然他们不会说英语，汤姆也不懂德语。在随后的 7 年里，汤姆生活在一个管制非常严格的天主教孤儿院里。后来汤姆突然找到了自己的亲生母亲，母亲是特拉维斯城的一位夜班护士，对汤姆非常纵容。汤姆很快就变得无法无天，第二年便被送进了一家农场孤儿院。为了实现儿时的梦想，成为一名牧师，他进入了当地的一家教会学校，但很快被学校开除。母亲拿他没办法，只好叫来警察，把他送进了教养所。从教养所出来之后，他终于开始喜欢上了学习，并以优异的成绩考进了菲利斯州立大学。大学就读期间，为了挣学费，他一边读书，一边在附近的建筑工地上打工。大三那年，由于实在挣不到足够的钱来交学费，他被迫退学，后来他报名参加美国海军，并积攒了 2 000 美元希望继续上学，可让他万万没有想到的是，这笔钱很快被骗子骗走，以至于他连坐车返回安阿伯的钱都没有了。

莫纳罕的弟弟建议俩人买下一家名叫 Dominick’s 的比萨店，于是他借了 500 美元入股，从此开始了自己的企业家生涯。如果说从此以后俩人便没有了任何烦恼，开开心心地经营起了自己的比萨店，那将会是一个非常不错的成功故事。可事实并非如此。麻烦一个接着一个，一直持续了很多年。一年之后，弟弟对比萨店失去了兴趣，莫纳罕用自己的二手大众汽车买下了弟弟的股份。他请来了一名新的合伙人，后者侵吞了比萨店的所有现金，莫纳罕因此深陷债务危机。解除跟合伙人的关系之后，他不得不重新给自己比萨店换个名字：达美乐。让他雪上加霜是，他最初的那家商店失火——这时他突然意识到自己根本没买保险。就这样，经过多年的痛苦挣扎之后，他的公司终于上市，但让他万万没有想到的是，投资人的决策令公司再次深陷债务，莫纳罕也失去了对公司的控制权。银行指派的经理让公司经营状况变得更加糟糕。莫纳罕恳请银行归还自己的控制权，银行表示同意。但此时的达美乐已经是身陷重围，奄奄一息了。受偶像雷·克雷克的精神激励，莫纳罕说服债主给予宽限，帮助自己的公司躲过一劫，并成功地开了 100 家连锁店。就在这时，达美乐的糖料供应商阿姆寺塔（Amstar）公司将达美乐公司告上法庭，理由是后者侵犯自己的商标权。这场官司整整持续了 5 年时间，耗资 150 万美元，双方把官司一直打到了最高法院，最终达美乐胜诉。又过了很多年之后，莫纳罕终于积累了高达 4 亿美元的身家。

他最大的梦想之一就是见到自己的偶像雷·克雷克。很多年来，他每个月都会拨通克雷克办公室的电话，希望能够得到约见的机会，但从来没有成功过。后来他听说已经 78 岁的克雷克身体状况正在日益恶化，于是他立刻飞往圣地亚哥,决心一定要见到自己的偶像。他的坚持终于得到了回报，克雷克的助理同意给他 15 分钟时间——结果这场谈话变成了一场惺惺相惜的交流，整整持续了两个半小时。克雷克提出了很多关于公司运营的问题，并很快摸清了达美乐的情况。莫纳罕回忆道：“很快，他就比除我之外的任何人都了解整个达美乐。”

突然之间，雷·克雷克身体前倾着问莫纳罕：“我想给你一些建议。你现在已经成功了。你可以做任何自己想做的事情；你赚的钱怎么花都花不完。所以我觉得你现在应该放慢脚步，放松心态，每年开几家新店，但一定要非常谨慎，千万不要做任何新的交易，以免陷入麻烦。千万别玩火。”

莫纳罕大吃一惊，因为他万万没有想到自己的偶像居然会提出如此保守的建议。他立刻告诉对方：“可这样做就没有任何乐趣了啊！”

克雷克停顿了一下，看起来像是受到了伤害。慢慢地，他大笑起来，用力拍着莫纳罕的手说道：“我就是想听你说这个。”

你难道不觉得此刻的莫纳罕的确应该放慢脚步，听从克雷克的建议，学会放松心态，享受人生吗？莫纳罕的回答是：“此时物质享受对我已经没有任何意义了。我年轻的时候非常喜欢赚钱，但现在我已经得到了自己梦想中的一切，我发现，这并没有什么大不了的。现在我对赚钱已经没有多大兴趣了。在过去的 30 年里，我一直在不停地积累，我做这一切到底是为什么呢？”1989 年，莫纳罕宣布，他将用自己的余生把自己辛苦一生积累的财富捐出去。汤姆·莫纳罕非常清楚，财富本身毫无意义，真正让他感到满足和开心的，是积累财富的过程。

## 真正重要的是过程

1966 年 5 月 28 日，65 岁的弗朗西斯·奇切斯特（Francis Chichester）成为人类历史上第一位独自航游世界的人。他驾驶着一艘特制的 53 英尺长的游艇“舞毒蛾四号”（The Gypsy Moth IV）创造了这一奇迹，整个世界都为之动容。航行的第一段是从英国的普利茅茨前往澳大利亚的悉尼，这是一段共计 14 000 英里的不间断航程，耗时 105 天 20 小时。这只比几个世纪以前茶叶商们的船队用时间长了 5 天左右。奇切斯特在自己的游艇上装足了航程中需要的所有食物和淡水，睡觉的时候，他就用自己发明的导航系统来操作游艇继续航行。

到达悉尼之后，他进行了为期 7 周的休整，然后继续自己的航行，这次的挑战是穿越南太平洋，绕过阿根廷南端，然后穿越大西洋回到英国。一旦成功，这将创下人类历史上最长的小型船只不间断航行纪录：总航程共计 15 517 英里，耗时 119 天。

就这样，当他在 9 个月之后再次回到英国的时候，他知道伊丽莎白女王将会授予他一个英国公民所能拥有的最高荣誉，同时还会有超过 50 万英国人站在港口附近的小山上等候他的归来。

他的妻子谢拉第一个登上游艇，向他表示祝贺。奇切斯特环顾四周，然后转向谢拉说道：“真奇怪，我一点感觉都没有。”

真正重要的是过程，而不是目的地。

一年之后，由于受到一家伦敦报纸的鼓动，9 位航海员开始了一场单人航游世界赛。虽然此时弗朗西斯爵士已经受邀成为这项赛事的荣誉主席，但他却不知道该如何确定选拔规则，结果让很多没有准备充分的选手加入了比赛。就在快要到达葡萄牙时，意大利选手卡罗佐（Carozzo）因为无法承受压力而患上了胃溃疡。在排名第一的选手即将到达南非好望角之前，又有四位选手的游艇沉没，唐纳德·克罗赫斯特（Donald Crowhurst）则消失在茫茫的大海上。

剩下的三艘游艇成功地越过好望角，其中法国人伯纳德·莫瓦特（Bernard Moitessier）远远超出了分别排名第二和第三的雷丹·诺·约翰斯顿（Robin Know Johnston）和尼格尔·泰特利（Nigel Tetley）。此时英国人唐纳德·克罗赫斯特重新出现，并且直逼第一名的位置。尼格尔·泰特利奋力直追，结果在亚速尔（Azores）海岸沉没。然后唐纳德·克罗赫斯特再次神秘消失，随后营救人员在大海上找到了他驾驶的游艇，并在上面发现两本航海日志。营救人员在他的日志中发现，原来唐纳德·克罗赫斯特一直在计划通过作弊的方式中途返回英国，这样他可以无需环游世界即可获得大奖。调查人员们猜想，克罗赫斯特很可能是自杀身亡。

现在只有两名选手仍在继续航程了：一位是法国人伯纳德·莫瓦特，另一位是雷丹·诺·约翰斯顿。莫瓦特遥遥领先。他只需要穿越大西洋即可获得这次大赛的奖品——一座黄金地球仪和一大笔奖金，并凭借自己所创造的奇迹而扬名世界。可就在莫瓦特胜利在望的时候，他突然掉转船头越过好望角，准备在南太平洋的一个小岛上度过余生。这时只有奇切斯特真正理解莫瓦特的感受。

**真正重要的是过程，而不是目的地。**

## 成功的真正意义

当然，要想成为一名高效能人士，你不一定要独自登上珠穆朗玛峰，赢得美洲杯，赚到数亿美元，或者是独力航游世界。真正重要的是并不是你赚了多少钱，也不是你赢了多少奖励。真正重要的是你从自己的旅程中得到了怎样的满足。这才是高效能人士真正在意的，也才是能够让他们释放内心巨大能量的东西。

莱因霍尔德·梅斯纳尔，约翰·贝特朗和汤姆·莫纳罕所带给我们的启示非常清晰：千万不要等到实现目标之后才去享受你的旅程，那会让你大失所望。真正能让我们兴奋和激动的，是实现目标的征程。

从很多方面来说，高效能人士所设立的人生目标只对他们本人有意义。千万不要以为你的成就会让别人感到震撼，因为很多时候，你所实现的成就对他们来说可能毫无意义。你很难了解尼尔·雷蒂格居然会在圭亚那的一棵木棉树上潜伏 6 个月，不是吗？只有他自己才知道自己为什么一定要拍下哈比小鹰第一次展翅飞翔的画面。

我们很难理解为什么深爱着妻子和两个孩子的查克·耶格尔会冒着巨大危险尝试超音速飞行，尤其是当众多专家都一致认为这根本不可能的时候。但只有他清楚自己为什么要这么做。

我们更是无法理解为什么莱因霍尔德·梅斯纳尔会冒着生命危险在不带氧气的情况下独自登顶珠峰，以此来向世界登山界证明自己的清白。但对于他来说，这样做的意义胜于一切。

如果你的人生目标是为了让别人感到震撼，你终将会大失所望。我至今还记得自己在瑞士的艾格尔（Eiger）遇到一群登山者时的情形，当时我告诉他们我曾经登上过海拔 20 000 英尺（约合 6 096 米）的高峰，并满心以为他们会感到震撼，可结果他们却目瞪口呆——因为 20 000 英尺对他们来说根本不值一提。高效能人士跟一般人的重要区别之一，就在于前者从来不在乎别人是否看重自己的成就。

比如说你想要成为一名高效能人士，你相信，只要能成为一名百万富翁，你就会成为高效能人士。你坚信，只要存上 100 万美元，你就可以在经济上独立，那样你就可以完全按照自己的理想去生活。所以在 5 年时间里，你想尽一切办法去实现这一目标。最终你取得了成功！ 5 年之后，你真的拥有了超过 100 万美元的净资产。这时你会发现，你的生活并没有向着你所预期的方向发展。你会一边大为不解，一边重复着佩姬·李（Peggy Lee）的歌词："这难道就是我想要的吗？"

为什么？因为拥有100万美元其实完全是一种主观的东西。想想看，100万美元可以换算成1.3亿日元，或者17.25亿里拉。你可以想象你告诉一位意大利人，你用5年的生命换来了17.25亿里拉吗？这个想法真是太可笑了。所以一旦你意识到你在这5年时间里其实一直在为实现一个幻觉而耗费生命时，你就会感觉大失所望——这种状态可能会持续一年左右，直到你为自己设立了一个新的更有意义的目标，重新开始自己的生活。

## 你的能量被耗费在了什么地方？

下面我们做一场盘点游戏，看看你的能量都被耗费在了什么地方。下面有一张表格，上面列出了你可能投入能量的地方。仔细浏览一下表格，根据你投入能量的大小在相应的数字下面打叉。

**第一栏是"职业"**。如果你除了家庭之外并没有任何职业上的追求——比如说你是一名家庭主妇——你可以在"1"下面打叉。如果你是一位工作狂，每星期工作6 ~ 7天，每天12个小时，你可以给自己打10分。如果工作对你来说只是例行公事，你每星期工作40个小时，工作当中也不会遇到任何挑战，你可以给自己打5分。明白了吧？很好。然后你就可以根据自己的情况给自己的职业打分了，记住真正重要的不是你取得了多大成就，而是你投入了多少精力。哪怕你目前正处于失业状态，但你却投入百分之百的精力在寻找工作，也可以给自己打10分。

**接下来是政治**。你投入多大精力研究政治问题？你是否会在投票之前仔细研究双方的政见立场？你能说出自己所在州的参议员是谁吗？你上次给他们写信或者打电话是在什么时候？

**社区**。你投入了多少精力去关心社区委员会的活动？你是社区生活的活跃分子，还是对一切都持一种无所谓的态度？

**慈善活动**。你投入了多大精力去帮助别人？除了偶尔寄张支票以外，你是否还会积极地为你最喜欢的慈善机构筹集资金？

**体育比赛**。你是一名狂热的垒球、橄榄球或篮球迷吗？你知道各个周末各场比赛的结果吗？

**个人爱好——包括诸如高尔夫或网球之类的体育活动**。记住，真正重要的并不是你投入了多少时间，而是多少精力。你投入的程度才是决定得分的唯一关键。

**下面是你的个人生活，比如说你的婚姻**。即便你还没有结婚，但你投入很多精力寻找自己的另一半，那么你也可以给自己打个高分。

**孩子**。你会花多少时间跟自己的孩子们在一起？你对他们的教育关心多少？你是否狂热地支持他们在校的体育活动？哪怕没有孩子也没关系，关键在于你是否重视这件事情。

**自我成长**。你投入多少精力来让自己变得更优秀？你在开车时是否经常收听励志录音带？你是否经常会购买那些最新的技能或心态培养书籍？

**健身**。如果你每天都在健身房里待上几个小时练习长跑，你可以给自己 10 分。如果你感觉锻炼就是打开冰箱拿瓶啤酒，那你的得分就只有 1 分。

**下一栏是社交生活**。问问自己，你投入多少精力来培养自己的社交圈。你每个星期是否会至少参加一次社交聚会，或者你是否喜欢办公室每年一度的圣诞节聚会？

**性生活**。记住，性生活的和谐真正重要的并不是你要有多幸运就能随意获取，而是你投入了多少精力，才能真正享受其中。

**焦虑**。你会投入多少精力担忧某件事情？这一栏听起来可能有些奇怪，但有些人会在这种活动上投入很多精力，我想我们每个人生命中都有一段时间会比较焦虑。如果你经常感到焦虑，不防在这一栏给自己打个高分。如果再糟糕的事情你也可以不放在心上，那就给自己打个低分。

**最后一栏是你浪费的时间**。如果你做事总能保持高效率，那就给自己打 1 分。如果你总是喜欢拖拉，那就给自己 10 分。

表 4-1　能量清单

| | 1 | 2 | 3 | 4 | 5 | 6 | 7 | 8 | 9 | 10 |
|---|---|---|---|---|---|---|---|---|---|---|
| 职业 | | | | | | | | | | |
| 政治 | | | | | | | | | | |
| 社区活动 | | | | | | | | | | |
| 慈善活动 | | | | | | | | | | |
| 体育 | | | | | | | | | | |
| 爱好 | | | | | | | | | | |
| 婚姻 | | | | | | | | | | |
| 孩子 | | | | | | | | | | |
| 自我成长 | | | | | | | | | | |
| 健身 | | | | | | | | | | |
| 社交生活 | | | | | | | | | | |
| 性生活 | | | | | | | | | | |
| 焦虑 | | | | | | | | | | |
| 浪费 | | | | | | | | | | |

下面我们来分析一下你的得分情况。我建议重新梳理一下这张表格，为你在每一栏目中希望投入的精力打分。

比如说你可能在职业一栏给自己打 10 分，但你其实并不喜欢总是工作得那么辛苦。它可能会影响你的婚姻或你与孩子们的关系，或者影响你打高尔夫等。事实上，你希望在职业上投入的精力数值为 6。

再举个例子，比如说你在跟孩子们相处这一栏打分为 3，但你希望能有更多时间陪在他们身边，所以你在这一栏的期望打分是 8 分。

你可以按照这种方式给所有其他栏目打上相应的分值。打完之后，你就会在每一栏拥有两个得分。

最后，仔细检查一遍，勾出所有你的实际得分和期望得分之差超过 3 的栏目。比如说你在某一栏的实际得分是 4，而你的期望得分则是 7，这时你可以勾出这一栏。

我要说的是，高效能人士非常清楚，真正能够释放你内心潜力的不是你在做什么，而是你是否在做自己真正想做的事情。仔细检查你实际得分和期望得分之差超过 3 的栏目，这说明你在这些领域需要作出一些改变了。记住，你的目标并非要在每一栏都得 10 分、1 分或者 5 分。真正重要的是你要在自己希望投入更多精力的地方投入更多的精力。

我每三个月都会重复一次该练习，同时对照我此前的测评结果。它可以帮助我更好地调整自己的生活。如果有可能，建议你邀请自己的家人一起做一下该练习。

该练习的另外一个作用在于，它可以帮助你认识到你的生活是否在由自己掌控，还是在受到外力的影响。比如说第一次打分时，我在“社区活动”这一栏的得分为 0。我甚至不记得自己曾经参加过任何社区活动，除非是跟我的投资有关，否则我感觉自己好像从来没有参加过任何社区集会或政治活动。坦白说，我一直为此感到内疚。社会告诉我们要积极参与社会活动。但我在这一栏的期望得分居然也是 1。所以后来我明白了，之所以会出现这种情况，是因为我对社区活动根本不感兴趣，只要我所在的社区一切正常，我就不会花费任何时间为自己没有参与社区活动而感到内疚。

千万不要以为高效能人士都不会为自己的生活确立目标。高效能人士同样会有竞争意识，但我们会清晰地意识到，人类生活的真正乐趣来自于投入精力去完成眼前的活动，从中获得满足，而不是为了未来的某种奖励而努力工作。

## 白日梦和人生目标的区别

了解了白日梦和人生目标之间的区别之后，你就距离成为高效能人士更近一步了。很多人心中所谓的目标，其实只不过是一些华丽的白日梦罢了。

李奥贝纳与达美高广告公司曾经作过一次有趣的调查。《今日美国》在头版报道了这一调查结果，标题是“我们的生活有两种，一种是白日梦，一种是真实的生活”。调查结果表明，我们大多数人都梦想过能够成为英雄——76% 的人幻想拯救生命，35% 的人幻想找到治疗癌症的药物，33% 的人幻想赢得奥林匹克金牌。

调查当中有一道题目，讲的是“如果你能够得到自己想要的东西，你接下来会怎么做”。女性被调查者选择去蒙特卡洛赌博或者在白宫就餐。男士们则首选去非洲打猎，随后是坐热气球旅行和急速漂流。

最有趣的是，调查者们发现，被调查者所梦想的生活和他们的实际生活之间存在着巨大的差距。

68% 的被调查者表示自己最大的乐趣是看电视。你能相信吗?

所以，我们还是要抽出一些时间来讨论一下目标和白日梦之间的区别。

如果你 10 年前问我我的人生目标是什么，我可能会提到 3 件事情：

（1）我想要赚到一百万美元；

（2）我想要爬上 20 000 英尺的山峰；

（3）我想要驾车前往布宜诺斯艾利斯。

到目前为止，前两个目标已经实现：我通过投资房地产成为了一名百万富翁，我还成功地登上了厄瓜多尔境内海拔 20 000 英尺的钦博腊索峰（Chimborazo）。但第三个目标依然离我非常遥远。

很多年来,我一直把“驾车前往布宜诺斯艾利斯”列为自己的人生目标。我总是想，要是能给自己放一年假，聚集一帮朋友，买一辆路虎或小型公务车，一路驾车穿越南美，一直开到布宜诺斯艾利斯，那该是一件多美的事啊！我们可以一边旅行，一边学习当地的语言，看遍南美那些令人着迷的景色，并共同经历路上可能会遇到的各种历险。这是我的目标。

或者我以为那是我的目标。直到后来我才明白，那根本不是目标——那只不过是一场美妙的白日梦罢了。如果我没有写下一份详细的计划书，如果我没有把它当成自己最重要的事情之一，它就不能称为我的人生目标。如果真的把它当成目标，我必须想清楚什么时候出发，跟谁一同前往，需要花费多少钱，以及详细具体的路线。在解决这些具体问题之前，我所幻想的一切都是白日梦。可这么多年以来，我所做过的最接近于实现这个梦想的事就是买了一辆四轮驱动的汽车，用了一个月时间前往洪都拉斯和萨尔瓦多进行试驾。除此之外，我其实并没有投入太多时间和精力去把前往布宜诺斯艾利斯变成一个切实可行的目标。

不幸的是，大多数人一生都没有投入时间去把自己的白日梦变成人生目标。他们以为自己已经确立了人生目标，比如说想要成为富翁或者成功公司的总裁。但事实上，他们这些幻想只不过是虚无缥缈的白日梦罢了——因为他们从来没有制订一份详细的计划来实现这些梦想。

下面我们比较一下人生目标和白日梦之间的区别吧。

- 一旦确立目标，你会通过努力去实现一些事情，而如果只是在做白日梦，你只会任事情自由发展。
- 目标需要你投入大量的时间和精力作规划，而白日梦则不需要你作出任何努力。一天早晨，你起床之后突然听说一位失散多年的叔父去世了，并且给你留下了一大笔遗产，或者你突然听说自己买的彩票中了大奖，这些都是白日梦。
- 实现目标需要时间，有时甚至需要你投入一生的时间（就我本人来说，我给你确立目标时的一个原则就是实现时间不能超过 5 年）；但白日梦可能只需要你大胆地幻想一下，而且你的白日梦成为现实的时间有时只是一夜之间。
- 目标是一个愿景——一幅已经在你的大脑中成型的图画，有时你甚至意识不到它的存在。白日梦则只是一个幻觉，因为有时就连你自己都不相信它会成为现实。白日梦并不能给你带来任何的激励，因为它们背后并没有任何详细可行的计划方案，你也不需要为它们付出任何努力。这些幻觉极具欺骗性，以至于很多时候它会影响到你的潜意识，让你相信这样的事情可能真的会发生。
- 目标总是被写下来，而白日梦则只是在你的想象之中一闪而过。这也是二者之间的最大区别之一：目标是具体写下来的，而白日梦则不是。

有些哪怕最有成就的人一生也没能实现自己预定的目标。弗兰克·威尔斯并没有登上所有的高峰，但这个目标激励他度过了辉煌的一生。第一支成功登顶珠峰的登山队队长约翰·亨特爵士（Sir John Hunter）从来没有站到珠峰峰顶。摩西也从来没有到达心目中的圣土。哥伦布一辈子也没到过印度。真正能够激发一个人心中斗志的，并不是目标本身，而是实现目标征途中所感到的欣喜与满足。

**虽然高效能人士总是不停地为自己确立更高的目标，但他们从来不会放弃享受实现目标过程中的享受。**很多人为了获取财富、权力和声望而失去了家人和朋友的爱，失去了同事们的尊重，失去了享受人生的能力，在我看来，这个世界上再没有比这个更可悲的事情了。

如果你实现人生目标的征途没有趣味，你可能根本不会坚持到实现目标的那一刻。你甚至根本不会实现自己的目标！退一步来说，就算真正实现了目标，你也会感到自己失去的，要远远大于得到的。

SECRET NUMBER 5

# 在成功之前体验成功

Power Performers
Experience Success Long Before They Achieve

他是全球最大集团之一ITT集团CEO，
其经营秘诀是“从结尾开始往前读书”，为什么？
他在铁路公司做了12年的发报员，后创建钢铁公司，
只因他在大脑中“看到”了一座庞大的炼钢厂？

在第 5 秘诀中，我将告诉你如何调整自己的大脑，让它把你带到你想要去的地方。

ITT 集团前任总裁哈罗德·格宁是一位非常成功的企业家——一位真正的高效能人士。他一手创建了专业提供国际电话服务的国际电话电报公司，成立第一年销售额就超过 8 亿美元。在他经营 ITT 的 17 年时间里，他将公司的销售额一路提高到 220 亿美元，年利润额从 2 900 万美元提高到 5.62 亿万美元，一跃成为全美第十一大公司，拥有 250 家子公司，跻身于全球最大的集团公司行列。

哈罗德·格宁也因此被公认为 20 世纪六七十年代全球最伟大的企业家之一，整个美国的商学院都在用敬畏的口吻讲述他的事迹。当有人问他经营的秘诀是什么时，他的回答只有三句话："读书的时候，你从头读到尾。但经营一家公司的顺序则恰恰相反。你从结尾开始读，然后想尽一切办法翻到第一页。"

高效能人士就是如此。他们知道，要想成为超级成功人士，首先要在自己的大脑中形成这样的图像。从某些方面来说，他们就像是跟踪导弹，一旦锁定目标，他们就会勇往直前。还记得我在登上雷尼尔峰的过程中，一旦爬过云雾缭绕的半山腰，看到蓝天映衬下的峰顶时，我的内心形成了一股巨大的动力。清晰地看到目标会让你的能量成倍释放。不成功的人一生都活在茫茫大雾中，始终搞不清自己的目标在哪里。而高效能人士则可以清晰地看到自己的目标，会向着目标勇往直前。他们知道，一旦将目标锁进自己的潜意识深处，并且不断用积极的想象予以肯定，他们就可以集中所有的内部能量来实现。

所以在秘诀 5 当中，我将告诉你如何通过调整意识的方式来锁定目标。但千万不要忘记我在第 4 秘诀当中所讲过的内容：你的目标不能是获得某个东西，比如说 100 万美元或者是一辆劳斯莱斯；也不是要成为某个东西，比如说成为公司总裁或者你所在城市的市长。如果想要释放出自己的全部能量，你必须学会从实现目标的过程中获得快乐和满足。

要想调整自己的意识，你需要知道的第一件事情就是：无论你是否意识到，你都已经在向着一个目标前进了。不能仅仅因为你告诉自己，"我还没有真正想清楚自己这辈子想要做什么"，就说明你没有明确的人生目标。即便内心并没有确立一个明确的目标，你也已经在向着一个具体的目标前进了。在穿越云端继续攀登的过程中，我们依靠一位经验丰富的导游为我们指明目标。没有他的帮助，我们仍然会向着一个目标前进，但很可能是一个错误的目标。如果你不明确自己想做什么，你的目标就是成为一名寂寂无名之辈。如果你不知道自己想到哪里，你的目标就是一无所得。

想像一下一艘帆船在大海里航行的情景。即便掌舵的人没有设立明确的航程，也并不意味着帆船不会到达某个地点。海风和洋流仍然会将他带到某个地方，但小船最终到达的地点很可能并不是掌舵者起初想去的地方。如果没有明确的目标，你的人生就会像那艘没有目标的帆船。

## 改变你的自我形象

心理学当中有一个人人称道的理论，那就是卡尔·荣格（Carl Jung）的自我形象理论。卡尔·荣格是上世纪最伟大的心理学家之一，他毕业于哥伦比亚大学，获得心理学博士学位，随后前往纽约罗彻斯特的一个社区指导中心工作。

经过长期与病人接触之后，荣格发现，心理治疗师们有些过于引导前来就诊的病人们了，于是他决定把自己的椅子搬到病人对面，这样可以让对方感觉自己才是双方交谈的中心。

此外他还开始称前来就诊的人为“客人”，从而降低病人的“患病感”。在进一步解释荣格的理论之前，我想先带领大家作个测验，这样你们就可以更加清楚地感觉到荣格在“客人”们身上所发现的问题。你会发现这个测验跟我们在第 4 秘诀中所作过的测验非常相似，只是测验的重点变成了“性格”。

仔细研究下面的表格，在右侧空格中相应的数字下面打叉，1 意味着你完全不同意这一观点，10 则代表你完全同意这一观点。填完表格之后，再仔细检查一遍，在每一栏中你希望得到的分数下面画圆圈。比如说第一栏是“我觉得别人都喜欢我”，你可能会感觉“哦，我不会在所有聚会中都成为众人瞩目的焦点，但我的家人很喜欢我，我的同事们似乎也很喜欢我，而且我还有一群不错的朋友，这就够了。”这样你可以在8这个数字下面打叉。然后你问自己“我希望多少人喜欢我呢？”你的答案是：我感觉现在的状态就挺好的，我知道有人可能希望所有人都喜欢自己，但对于我来说，8 就可以了。这时你可以在刚才的叉下面画圆圈。

而在“我感觉自己非常强大”这一栏，你的看法则有所不同。你告诉自己，“我觉得我并不能真正控制生活中所发生的一切。我太太经常会征求我的意见，但她其实并不会认真考虑我的感受。我在工作中也没有太多控制权。

在这一栏，我恐怕只能得 3 分。”然后你开始思考自己希望能有多强大，你告诉自己“我真的很想改变这一点。我内心的那团烈火告诉我，我应该对自己的生活有更多控制权。虽然我并不希望成为一名独裁者，但我的确希望自己能更多掌控自己的生活。”于是你在 8 下面的空格内画圆圈。

**表 5-1　自我形象测评**

| | 1 | 2 | 3 | 4 | 5 | 6 | 7 | 8 | 9 | 10 |
|---|---|---|---|---|---|---|---|---|---|---|
| 我很受欢迎 | | | | | | | | | | |
| 我很强大 | | | | | | | | | | |
| 我很幸福 | | | | | | | | | | |
| 我很顺从 | | | | | | | | | | |
| 我工作努力 | | | | | | | | | | |
| 我很勤奋 | | | | | | | | | | |
| 我很有艺术天赋 | | | | | | | | | | |
| 我是一个好爸爸（妈妈） | | | | | | | | | | |
| 我是一个好情人 | | | | | | | | | | |
| 我很吸引人 | | | | | | | | | | |
| 我很有魅力 | | | | | | | | | | |
| 我受人尊重 | | | | | | | | | | |
| 我热爱生活 | | | | | | | | | | |
| 我关心他人 | | | | | | | | | | |

你会发现这个练习能说明很多问题。虽然这跟卡尔·荣格要求客人们做的测验并不完全相同，但它们的作用是一样的。几次测验之后，荣格开始感觉自己正在面临着一个重大的心理学发现。于是他组织了一个实验小组，其中有一半人是前来寻求心理治疗的客人，还有一半从来没有寻求过任何心理治疗，而且他们也并不感觉自己需要接受心理治疗。

测验结果表明，那些寻求心理治疗的人都存在一个惊人的共同点：他们的自我形象和自己希望的形象之间都存在着巨大差距。而那些没有寻求心理治疗的人则不存在这个问题。

由此荣格提出了他的自我形象心理学。他认为，这种自我形象和期待形象之间的差距不仅表明一个人产生了心理问题，而且很可能还是导致心理问题的根源。

你的测试结果如何？你是否在某些栏目中也存在这种差距？重新浏览一下你的测试结果，勾出那些差距超过 3 的栏目。

当一个人应对外部挑战时，如果他的应对方式不符合他的自我形象，这时就会出现所谓的心理失调现象。举个例子，你在驾车时没有系上安全带，一位交警把你拦到路边，给你开了一张罚单。你勃然大怒，告诉对方："我是一个奉公守法的公民，正在赶着上班赚钱纳税，没系安全带也没有什么大不了的，建议你还是多留意那些超速驾驶的危险分子吧。"然后你开始滔滔不绝地发表了一通演讲，告诉对方"究竟是谁在为谁工作"。不巧的是，这位警察当天已经听了 15 遍这种演讲，他觉得这种演讲对自己并没有什么帮助。于是他告诉你，你比规定速度快了 11 英里，本来他并不打算计较，但既然你是一个"奉公守法"的公民，他决定再给你开一张超速罚单。这下可捅了马蜂窝了，你又是一通脾气，于是对方又开了一张尾灯维修单。你赶紧拿走罚单迅速离开，可让你万万没有想到的是，不到一英里之后，你便因为并线时没打转向灯以及超速行驶而再获两张罚单。

相信你每天都会遇到很多件类似事件，每次遇到这种事时，你可以有两种选择：

1. **健康的选择**。你心里非常清楚，大多数时候，你都是一名奉公守法的公民。虽然这次违反了交通规则，但社会并不会因此唾弃你，或者降低你的自我形象。而且你还知道，通常情况下，你总是能够很好地应对挫折，只是偶尔失态罢了。任何人都没有理由担心你作出过度的反应，你也不需要因此而改变自己对自己的看法。

2. **不健康的选择**。你会否认自己对这次经历的反应，或者用一种扭曲的方式看待自己的反应。你告诉自己，那位警察之所以找你的麻烦，是因为你开了一辆好车，而且警察是为了完成指标而给你开罚单的。然后你会感觉非常糟糕，很快你的自我形象和你对这件事的反应之间便会出现不和谐。

所以荣格相信，所有人都会在潜意识之中形成对自己的自我形象。他进而发现，一个人的自我形象会限制他的发展。通常来说，一个人不可能突破自己植入潜意识之中的自我形象。还记得那位在南瓜地里发现水罐的农夫吗？为了试验南瓜能否胀破水罐，他把一粒种子放进水罐，任其生长。几个月以后，当农夫回到南瓜地时，他发现南瓜竟然长成了水罐的样子胀满了整个水罐——但并没有突破水罐。人类的自我形象同样会限制我们自身的发展。要想提升自身的潜力，我们首先必须改变自己的自我形象。

所有这些都说明了一个道理：想要成为高效能人士，你必须首先开始改变自己的自我形象。

## 拿破仑·希尔的成功法则

关于自我形象心理学的最伟大的作品就是拿破仑·希尔的《思考致富》（*Think and Grow Rich*）。这本书可能是当今所有畅销书的鼻祖。拿破仑·希尔曾经在一家报社担任编辑，后来又成为富兰克林·罗斯福的演讲撰稿人。

这本书最初是工业家安德鲁·卡内基邀请希尔所写的一本关于成功法则的书。卡内基当初身无分文从苏格兰来到美国，并且在宾夕法尼亚铁路公司担任了 12 年的电报操作员。他后来感觉铁轨将会取代木轨，这一简单的预见使得他开始创建卡内基钢铁公司，1901 年他将公司以 2.5 亿美元的价格出售给美国钢铁公司，卡内基也因此成为了当时世界上最富有的人。

人类的确是一种非常有趣的动物，一旦取得了成功，我们就会忘掉成功道路上所有的困难和障碍。就好像刚生下孩子的母亲只要一抱到孩子就忘记所有的分娩之痛一样，一旦做成了某件事情，我们就会感觉很难理解那些还在挣扎的人，“为什么他们感觉这么困难呢？这并不是那么困难啊！”

高效能人士卡内基在赚钱这个问题上也有相同的看法。毫无疑问，在取得后来的成就之前，我相信他一定经历了数不清的困难和挫折，但一旦取得成功，他就无法理解为什么周围会有那么多的贫困。更让他感到大惑不解的是，既然这个国家能让他成为世界上最富有的人，为什么很多人却仍然在挣扎求生呢？

他决定将自己的成功秘诀跟世人分享。可连高中都没有毕业的他根本无法写书，所以他请来拿破仑·希尔跟自己共同创作。

在《思考致富》的前言当中，拿破仑·希尔说道：

> 在本书的每一章，你都会看到赚钱的秘诀，它们都是我在精心

研究了成百上千位富翁的成功案例之后总结出来的。

这个秘密是半个世纪之前安德鲁·卡内基先生告诉我的。当我还是个孩子时，这位狡猾而可爱的苏格兰老人不经意间把这个秘密刻进了我的大脑。我至今还记得当时的情形，他躺在自己的椅子上，嘴角流露着慈祥的微笑，他一边讲述自己的成功故事，一边仔细观察我是否真的理解了他所讲的内容。

发现我领会了他的意思之后，卡内基就问我是否愿意花上二十几年来把这个秘密传播到全世界，改变那些还在失败中挣扎的人的命运。我表示同意，让我感到欣慰的是，在卡内基先生的帮助之下，我兑现了自己的诺言。

拿破仑·希尔曾经跟随卡内基多年，亲眼目睹了这位亿万富翁的一言一行。他后来根据自己的这段经历写出了《思考致富》。如果你还没有看到这本书，我建议你立刻买一本。我坚信这本书一定会改变你看问题的视角。正如厄尔·南丁格尔（Earl Nightingale）所说：“放下这本书的那一刻起，你就会焕然一新。”可这本书真正让我着迷的，就是希尔在这本书里根本没有提到卡内基的成功秘诀。

在本书前言中，希尔保证所有读过这本书的人都会学到积累财富的秘诀。“我所提到的这个秘诀在书中被重复了几百次，我没有直接谈到它……如果你已经准备好用它来改变自己的生活，你就会在书中处处看到它的影子。”虽然希尔没有在书中用方框把致富法则凸显出来，但一旦读完这本书，你就会深刻领悟这个秘密——因为它已经被刻进了你的潜意识。这跟卡内基的感受非常相似：一个人要想成功，就必须依靠自己的努力。他曾经说过：“帮助那些不愿意帮助自己的人毫无意义。如果一个人不愿意爬梯子，你根本无法把他扶上去。”

在他生活的年代，拿破仑·希尔曾有机会跟成百上千位白手起家的百万富翁进行交往，随着对这些人越来越了解，他开始发现所有这些人都有一个共同之处：早在自己刚开始闯荡世界的时候，他们就已经知道自己想要什么了。早在成功之前，他们就已经体验到成功的滋味了。

他们甚至会在踏进自己的劳斯莱斯之前就体验到那种感觉。他们知道穿上世界上最漂亮的衣服，旁边有几十个仆人服侍是一种怎样的感觉。他们知道走进董事会，所有人都起立致敬的感觉。他们知道走进舞会引起轰动的感觉。

希尔把这种体验未来的能力称为“形象化”。这些高效能人士都懂得如何在自己的大脑中体验成功的感觉。当卡内基第一次看到木制铁路桥时，他知道迟早有一天钢轨会取代木制轨道，只不过这时他并没有想象自己推销钢铁的情景，他在大脑中看到的，是自己拥有了一家庞大的炼钢厂。

拿破仑·希尔告诉我们，要想成功，我们首先必须改变自己的潜意识。高效能人士首先必须学会想象自己取得了成功，必须学会把成功植入自己的潜意识。正如哈罗德·格宁所说：“先从最后一页读起，然后想尽一切办法翻到第一页。”

凯迪拉克汽车公司曾经做过一则广告，清楚地说明了我刚才所讲到的理念。刚开始的场景是黑白的，一位穿着 20 世纪 30 年代高尔夫服装的年轻人正在一家高尔夫乡村俱乐部辛勤地忙碌着。他把球杆装进一辆老式凯迪拉克，然后关上车门。凯迪拉克慢慢驶离，年轻人望着汽车远去的方向，若有所思。这时画外音响：“早在那时，你就知道，迟早有一天，你会开上凯迪拉克。”然后画面变成了彩色，我们看到那位年轻人已经长大，正开着自己的凯迪拉克驶出那家乡村俱乐部。

你可以在自己的脑海中清晰地描绘出你成为一位高效能人士的样子吗？你能提前体验到成功的感觉吗？你能描绘出所有的恐惧和焦虑都烟消云散，每一天都是一次令人兴奋的旅程的情景吗？

## 改变你周围人的生活

自我形象不仅可以改变你的生活，而且可以改变你周围人的生活。我相信，作为一位老板，最大的快乐之一就是去改变周围人的自我形象，并进而改变他们的生活。

高效能人士都喜欢看到公司员工能从公司最底层，比如说前台接待人员，一直上升到高级管理层的情景。他们可以看出，这些人往往都是一些非常优秀、诚实、忠诚，而且愿意辛勤工作的人。但之前他们却总是怀才不遇，他们遇到的上司总是想要控制和主宰他们的命运，而不是帮助他们更好地成长。所以高效能人士会为这些人提供必要的培训，并逐渐让他们承担更多的责任。突然之间，他们的自我形象会急剧提高。他们会彻底放弃以往那些得过且过的想法，开始努力去开发自己的全部潜力。

## 罗杰手记

### 从企业高管到护士

我曾经亲眼目睹很多员工的能力都超出了我公司所能提供的机遇，或者我可以看出他们希望向不同的方向发展。每次遇到这种情况时，我总是会鼓励他们抓住更好的机遇，我绝对不会阻挡他们前进的道路。

曾经有一位主要部门的主管跟我谈到她自己的人生梦想。还是年轻人的时候，她就曾经去学习护理，但却没能通过考试。但她一直都没有忘记自己想成为一名护士的人生理想。她问我："您觉得我是否年龄太大了，再也没有机会了呢？"

"当然不会，"我告诉她，"去吧，去实现自己的梦想吧。"于是她辞去了主管的职位，报名参加了一家护士培训学校，虽然已经过去了很多年，但她直到今天还会时不时地写信向我表示感谢，在信中她会告诉我自己目前的情况，以及她在实现了自己的人生理想之后是多么兴奋。

帕蒂·卡朋特刚开始来到我公司时的职位是兼职秘书，后来她成了公司的营销总监。但她希望能够再往前一步，于是我帮助她创办了自己的公司。如今她已经是自己公司卡朋特演讲经纪公司的总裁，我为此感到非常自豪。

> 我总是鼓励人们去实现自己的梦想，哪怕他们在我的公司担任非常重要的职位，我也不会因此而劝说他们放弃理想。因为我发现，过了一段时间之后，随着我的口碑越来越好，总是会有很多优秀的人才前来我的公司申请工作，所以我从来不会遇到人才匮乏的问题。

作为一位作家和演说家，我有幸可以鼓励成百上千人去实现自己的梦想。每次听到有人对我说："您所说的正是我需要的，而且正是时候，现在我就在做自己一直想做的事情，我感到幸运极了！"我都会感到非常开心。虽然有时他们也不确定自己的选择是否正确，或者他们也不确定自己能否取得成功，但这些并不重要。他们并不关心自己能否赚到百万美元。对于他们来说，真正重要的是突破自己，做一些自己之前虽然梦想，但却不敢去尝试的事情。

哈里·贝拉冯特（Harry Bellafont，格莱美终身成就奖获得者。——译者注）以前在一家餐厅里洗盘子。如果他因为缺乏自信而没有跟世人分享他的天才，那该是一件多么令人遗憾的事情啊！如果你身上也有那种天分，但却一直没有发现它，那该是一件多么令人遗憾的事情啊！

在自己职业生涯的巅峰时期，芭芭拉·史翠珊冒着巨大的风险导演并监制了一部电影《燕特尔》(*Yentl*)。"为什么非要这么做呢？"她的朋友感到迷惑不解。"这跟名利无关，"她说道，"我已经不需要那些东西了。我之所以做这些，是因为有一天晚上，我梦到我去世了，在去往天堂的路上，上帝让我看到了他赋予我的真实潜力。他告诉我我本来可以做到的，但却因为我不敢尝试而没有去做的事情。所以我才决定投入资金和精力去制作《燕特尔》，哪怕倾家荡产也在所不惜。"

要想见识一个人是如何在失去积极的自我形象之后又恢复自信的，不妨听听畅销书作家奥格·曼狄诺（Og Mandino）当初在克里夫兰的经历。当时曼狄诺 35 岁，他失去了自己的家人、工作，还有自尊。当时倾盆大雨，他独自一人站在一家当铺的橱窗前面，口袋里只剩下 30 美元，满脑子都在想着怎样去买把枪，结束自己的生命。接着发生了一件他至今也无法解释的事情，他也不知道为什么，自己居然改变了想法，走向了街头的一家图书馆。一本由作家 W. 克莱蒙特·斯通（W. Clement Stone）所写的励志图书吸引了他的注意力。这本书名叫《通过积极心态取得成功》（*Success Through a Positive Mental Attitude*），它挽救了曼狄诺的生命。他开始重新思考自己的生活，并加入了斯通先生的保险公司，后来成为了《成功无极限》（*Success Unlimited*）杂志的创始人。他后来还写了《世界上最伟大的推销员》一书，该书最终的销量超过 1 500 万册。

## 世界上最神奇的秘密

除了卡尔·罗杰斯和安德鲁·卡内基之外，还有很多人都提出，要想改变我们的生活，我们首先必须改变自己的自我形象。人类有史以来最畅销的录音带是厄尔·南丁格尔的《最神奇的秘密》（*The Strangest Secret*）。厄尔是芝加哥 WGN 电台一位非常成功的广播节目主持人，每天都播放自己的评论节目。他的节目取得了巨大成功，所以在 35 岁那年，他就已经实现了财务自由，可以停止工作了。于是他开始进行大量投资，在他所有的投资中，有一家人寿保险公司，他经常去参加这家公司的销售大会，为销售人员做激励演讲。有一次，当他准备去度假时，保险公司的销售经理恳请他录制一盘录音带，这样当他前去度假时，经理就可以为销售人员们播放这盘录音带。据说南丁格尔立刻坐下来，一口气录完了一盘录音带——后来这盘录音带卖出了上百万份的销量，并且获得了录音带销售行业的金奖。我的一位朋友鲍勃·艾尔姆奎斯特在 20 多年前给了我这盘录音带。我当时碰巧路过他的办公室，看到他桌子上有一盘录音带。我随手拿了起来，一边看着上面的封套，一边问他：“这是什么？”

“一盘励志录音带。”

我之前从来没听过励志录音带。

“到底什么是励志录音带？”

“它会让你感觉很好。”

“我可以借来听听吗？”

“你拿走吧。我已经听完了。”就这样，不经意之间，他给了我一件彻底改变了我人生，并且给我带来了成千上万美元收入的礼物。

拿破仑·希尔喜欢把自己的成功秘诀隐藏在自己的书中，而厄尔·南丁格尔不同，他在最初两段话中就说出了全部的成功秘诀：

> 为什么那些有着明确目标的人容易成功……而没有目标的人则会失败呢？下面我会告诉你一些秘诀，一旦真正理解它之后，你的人生就会发生巨大的变化。你会突然之间发现自己似乎交上了好运。周围的一切都开始变得对你有利。从这一刻开始，你将会没有任何烦恼，没有任何问题，所有你此前经受的焦虑全部一扫而空。恐惧……疑惑……所有这些都已经是过去式了。
>
> 下面是成功的秘诀和失败的秘诀：我们会成为我们所想的人。我再重复一遍。我们会成为我们所想的人。

后来厄尔和我成了好朋友，我也终于有机会告诉他这盘录音带是如何改变了我的生活。我曾经跟他一起在佛罗里达的那不勒斯度过了一个周末，他和他的妻子戴安娜亲自前往机场迎接我。我知道他当时正在生病，所以我见面之后第一句话就是问他身体感觉如何。“感觉好极了，罗杰！”他告诉我，“比 5 年前好多了。我感觉棒极了。我的肩关节和髋关节都被换掉了，手术非常成功。哦，对了，我心脏里还换了个主动脉，这有时会让我感觉不太舒服，但我现在感觉棒极了。”虽然他 1989 年刚刚 67 岁就已经去世，但他的积极心态和对生命的热爱一直留在我的脑海里。

他的理论——我们会成为自己所想的人——改变了成千上万人的生活。如果一个人整天都在想着如何成为富人，他迟早有一天一定会成为富人。如果一个单身汉整天都在想着结婚，他很快就会建立自己的家庭。反过来说，如果一个人每天都在担心自己会变得更穷，他很可能真的会变得更穷。换句话说，一个人的自我形象迟早会变成现实。

## 潜意识的力量

麦克斯威尔·马尔茨（Maxwell Maltz）写过一本伟大的书，名叫《心理网络磁场》（*Psycho-Cybernetics*），书里用更加科学的方式解释了为什么一个人会成为自己所想的人。单从书名上我们就可以看到答案——psycho的意思是大脑，cybernetics是一个希腊语单词，意思是一个站在船尾的舵手。马尔兹解释道，人的潜意识就像是一个自动化、不会思考的目标搜寻机器，每当你向自己的潜意识传达一个目标的时候，潜意识就会把它当成一个确定的目标，这时你的意识就开始想尽一切办法去实现这一目标。

如果你经常打高尔夫，相信你就会明白这个道理。当你总是想着自己能够击球成功时，你的成功率就会大大提高。而如果你总是担心球落到沙滩陷阱上，它就会像一块磁铁一样把球吸过去。经验丰富的高尔夫球手喜欢把打球变成一场心理战。当一个人开始击球时，另一个人就会说："小心旁边的水坑。"这时对方的潜意识就会"听到"水坑这两个字，但它根本不知道这个目标是好是坏，一般来说，这时球进入水坑的概率会大大提高。

### 罗杰手记

#### 控制你的潜意识

最近我去了一趟爱尔兰，给我的朋友迈克尔·克罗打了个电话，当时他和自己的家人在苏格兰度假。接到我的电话之后，他非常高兴，刚好他第二天在圣安德鲁斯有个活动。圣安德鲁斯有块世界上最著名的高尔夫球场，也是皇家古代高尔夫俱乐部（该俱乐部制定了世界上第一套高尔夫比赛规则）的发源地。"再也不会有这样的好机会了，"他告诉我，"为什么不过来跟我一起打一场呢？"于是我立刻飞往苏格兰，并和迈克尔一起在当地买了一套高尔夫设备。"你带着你的高尔夫俱乐部写的介绍信了吗，罗杰？"他问我，"没有介绍信他们是不会让你进去的。"

“我没带来，”我告诉他，“我根本没想过这次旅行还有机会打一场高尔夫。”于是我们立刻开始绞尽脑汁想着怎么解决这个问题。“这附近有大学吗？”我问迈克尔。

“是的，苏格兰大学就在这座小镇的中心地带。”

于是我立刻驱车前去苏格兰大学，在那里借了一台电脑，为自己写了一封介绍信。然后我反复用复印机复印了几次，直到它看起来像是真的。“太好了，”迈克尔大叫道，“把它卷起来，让人感觉你已经把它带在身边很长时间了，他们根本看不出来。”

“希望我们不会被抓住，”我说道，“这些人把高尔夫看成是一件非常严肃的事情，他们可不会只把这看成是一场恶作剧。”

第二天我们在圣安德鲁斯度过了非常愉快的一天。负责人非常友好，根本没有提出要看我的介绍信。圣安德鲁斯的沙坑是我见到过的最大的，大多数沙坑都在靠近绿地的一侧，有至少六英尺高的障碍，每次击球时，我们都会来场心理战。“别去想障碍。”迈克尔说道，他知道，只要他一说这个，我就很可能会反复想“障碍”两个字。

而我则会立刻回击：“千万不要把球打到障碍下面，那样你就死定了。”可以肯定，我的大脑中开始出现迈克尔把球击到障碍下面的情景，我甚至可以清楚地看到迈克尔在那里抓耳挠腮的样子。

马科斯威尔·马尔兹说得没错。潜意识的确就像是一台不会思考的自动目标搜寻机器。它会听到主人发出的指令，并且会立刻不假思索地全力执行。

每次进行演讲之前，我都喜欢站在门口，欢迎人们走进会议室。我可以通过他们的反应来发现他们最关心的事情。而且我也必须承认，我的这一做法还会大大影响听众的心情。可能他们昨天刚刚在外面参加派对，此刻他们有些不大情愿来听我的演讲。如果不进行相应的调整，我的演讲就很难引起大家的共鸣。所有人都无精打采地坐在那里，我的演讲就很难取得成功。但只要在门口说上一两句话，我就可以改变整个房间的氛围，让听众更渴望听到我的演讲内容。

比如说我会问候对方：“上午过得还好吗？”

他们会回答：“哦，感觉不是太好。”他们在设想自己身体不太舒服，此时他们的潜意识就会开始主动设法实现他们的这一感觉。

“上午好！”

“哦，亲爱的，等你到了我这个年龄的时候，你会发现每个上午都是美好的。”她在想象自己老年时候的样子。我们都会成为自己所想的人，无论你想的是好还是坏。

马科斯威尔·马尔兹本来是一位外科医生，有一次他为一位在车祸中毁容的年轻女士进行一场面部整容手术，并从此对自我形象的力量产生了浓厚兴趣。在拆掉手术绷带之后，他吃惊地发现手术的效果好极了，于是就自豪地把镜子递给这位女士。

“你看起来漂亮极了！”他告诉这位女士。

可让马尔兹大吃一惊的是，这位女士居然告诉他：“可是，医生，我仍然感觉自己很难看。”

就在那时，他突然明白一个道理：我们在镜子里看到的远不如我们大脑中的想象那么强大。他知道，现实并不会像人们的感受那样变化。马尔兹的理论不仅说明了为什么某些外表美丽的人内心感觉非常丑陋，而且还解释了为什么有些亿万富翁会感觉自己钱不够多，总是拼命想要赚更多钱。虽然实际上已经很成功了，但在内心深处，他们感觉自己还是非常贫穷。

让人感到吃惊的是，我们的自我形象经常是跟现实相反的。

## 罗杰手记

### 感觉是会骗人的

1989年8月，我突然发现自己的体重已经到了完全失控的水平。我感觉自己已经达到了“出镜”的水平——我站在镜子面前的时候，发现镜子里几乎已经容不下我了。我分析了自己的饮食，意识到这一定是我食物中脂肪太多了。有的人是喝酒上瘾，有的人是吸毒上瘾，我可能是脂肪上瘾。

于是我开始为自己设计了一份低脂肪食谱，其中包括各种蔬菜和水果,3 个月后,我的体重减轻了 40 磅。我的形象随之发生了巨大变化，一年之后，我几乎认不出自己了。但尽管如此，我还是感觉自己很胖。每次从镜子面前路过时，我都没想到镜子里的那个体型标准的人居然是我。

由此可见，我们的自我形象在我们的大脑中是多么根深蒂固。

## 如何过上令人着迷的生活?

所有的自我形象心理学家都认为，在真正改变自己的生活之前，你必须首先改变自己的自我形象。你必须学会训练自己的大脑，让它看到你想要成为的那个人。自我形象心理学可以解释为什么高效能人士的生活总是那么令人着迷。似乎他们根本不会犯任何错误，成功总是像海浪一样向他们汹涌而来,好事总是会不停地发生在他们身上。拿破仑·希尔在自己的《思考致富》的第 1 章就谈到了这一现象：

我们相信你绝对有权利接收到下面这条重要信息。当财富开始到来的时候，它们总是会以极快的速度大量涌现，你甚至开始怀疑它们这些年究竟躲在什么地方。

这句话真是让人大吃一惊，大部分人都相信天道酬勤，但有时事实并非如此。正如亨利·戴维·梭罗（Henry David Thoreau）所说：“在实现目标的过程中，我们只有部分路程是清醒的，然后会在一片漆黑之中突然走向成功。”

很多赌徒都曾经有过类似的经历。他们把这种现象称为“赢的运势”。

下面的文字是我从哈罗德·史密斯（Harold Smith，赌博业大亨，一度拥有 Reno 最大的赌场）的自传《我想要停止赢牌》（*I Want to Quit Winners*，意思是在赌运正好的时候收手。——译者注）。

> 我走上了哈罗德俱乐部的门口，想要呼吸一口新鲜空气。当时是傍晚时分，内华达山顶的白雪在落日的余晖中变成了粉红色，我站在门廊里，看着北弗吉尼亚大街上的赌场俱乐部陆续亮起了霓虹灯。
>
> 突然，我产生了一种直觉。这就像是沙漠里的沙尘暴，或者是电铃爆响一样。我感觉自己强大、大胆、充满自信。我想要大赌一把。这种直觉像闪电一般击中了我。这种感觉就像是高速公路上的交通事故一样，"嘭"的一声，瞬间升起一团紫红色的火焰。我感觉自己整个人都变了。
>
> 但这种直觉稍纵即逝，我必须立刻采取行动。而且赌大钱可不是小孩子游戏。这是一场血战。不是你死，就是我亡。当直觉来临时，你根本没有机会用理性去解释——虽然你过后可以说自己当时是非常理性的，但事实并非如此。
>
> 我穿过大街，走进了马蹄铁俱乐部，找到我的朋友伯尔尼·艾因斯托斯（Bernie Einstoss）。距离门口最近的那个赌台空无一人，只有两个发牌员在无聊地敲着两块银币。我拿出现金，换了 10 000 美元的筹码。然后我拿出 400 美元的筹码放到台面上。我的手气从来没这么好过。40 分钟的时间里，我赢了 29 500 美元。

自我形象之所以适用于像哈罗德·史密斯这样的高效能人士，因为他们总是感觉自己能够控制周围的环境。一旦产生赢的感觉，你就什么都不会想，满脑子想的都是成功，这时你的大脑就开始改变你的命运，它不仅会影响你，而且还会影响到你周围的人和事。如果你开始感觉自己根本不配成功，你感觉自己一定要经过很多难关，所有这些好事都不会那么顺利地发生在你身上，那就说明你并没有作好成为赢家的准备。这就好像坐过山车一样，你位于顶峰的时间转眼即逝，你很快就会感觉自己开始以加速度奔向低谷。你会发现自己所担心的事情接连发生，这反过来又会进一步加重你的担心。

**高效能人士早在成功之前很久就已经感觉自己像个成功人士了。**在整个旅途中的每一步，他们脑子里都在想象着自己成功的样子。高效能人士懂得如何改变自己的心理图像，在这个过程中，他们渐渐把自己的人生变成了一个华丽的舞台，他们在上演一出美妙绝伦的好戏。所以一定要学会改变自己的自我形象，改变自己与自己交流的方式，把自己变成一位高效能人士。正像哈罗德·格宁所说的那样："读书的时候，你从头读到尾。但经营一家公司的顺序则恰恰相反。你从结尾开始读，然后想尽一切办法翻到第一页。"

从现在开始，停止把自己想象成一个能够成功的人。你要把自己想象成一个已经成功的人。你银行里可能并没有多少存款，没关系；你可能欠了别人很多钱，没关系；你可能正处于人生的最低谷，也没关系。告诉自己，我已经是一名高效能人士了，所有的财富和影响力都在向我呼啸而来。怎么样，感觉好些了吗？

# 不让别人拖慢自己前进的脚步

SECRET NUMBER 6

Power Performers Don't Let Other People Drag Them Down to Their Level

4 个士兵在战场上可以抬起吉普车掉头，
为什么回到营地就不行了呢？
她每次饰演小角色的片酬只有 8 美元，
是什么支撑她不言放弃？

我生命中最值得纪念的就是我第一次看到加利福尼亚的那一天。早在9岁那年，还在学校读书的时候，我就已经知道这个地方了。我可以清楚地记得一位地理老师为我们播放关于加州的投影时的情景。当时战争刚刚结束，学校里经费奇缺，根本没法补充太多教学设备，所以当那位老师带我们走进一间黑屋,从一个木盒子里取出卡片,并放进一架老旧的投影仪里时,大家都兴奋极了。那位老师为我们展示了优胜美地公园（Yosemite）里巨大的红杉树，当看到树中居然可以通过一辆汽车时，大家都惊呆了（直到20年后，我参加了一次全国性的滑雪旅行，那时我才有机会从红杉树中滑过）。接着我们看到了圣周克河谷（San Joaquille），看到了一片又一片一望无际的田野。然后是华纳兄弟电影工作室的照片，最后，也是最精彩的部分,我们看到了旧金山和著名的金门大桥。我至今还记得那位老师告诉我们,这座大桥之所以被称为金门大桥，并不是因为它是用红色漆成的，也不是因为当时加州的淘金热，实际上，它代表的是一种农业的富足，而这一切都要感谢圣周克河谷上肥沃的土壤。

我从来没想到自己能够亲眼看到这一切，因为在那之前，我的家族中从来没有人离开过英格兰，但11年之后我还是坐着轮船驶进了金门大桥。我是第一位乘船进行4个月航行，环游世界一圈半的摄影师。

我们的航行从伦敦郊外的蒂尔贝码头（Tilbury）开始，穿越地中海和苏伊士运河，到达印度。到了印度之后，很多外交官、游客等都陆续下船，后来船上只剩下前往澳洲移民的英格兰人了。再后来，我们在阿德莱德和墨尔本先后靠岸，完成了第一个月的海上航行之后，我们在悉尼停留了 5 天进行休整。然后我们开始前往菲律宾首都马尼拉，这趟航程大约持续 11 天时间，然后我们会前往香港，再从香港出发，穿越中国台湾海峡，前往日本。在日本停留两站之后，我们开始穿越太平洋。两个星期之后，我们抵达夏威夷，我很吃惊地发现，夏威夷并不是我想象中的那样只是一座与世隔绝的小岛，事实上，我在夏威夷并没有看到划着小船顶着水果篮的土著居民，当时夏威夷已经成为美国的第五十个州，经济开始蓬勃发展。再过两个星期之后，我们到达了温哥华，并开始沿太平洋西岸南下，前往旧金山——这也是我此次旅行的最高潮。

## 美国的大街一定是用“黄金”铺就的

我站在甲板上，充满期待地穿过早间的晨雾眺望，直到我看见海岸边的山群中突然出现了一个巨大的豁口。刚开始我以为我们一定是偏离航线了，因为我根本想不到这世上居然会有人能够在一个跨度那么大的海面上修建大桥。但随着我们越来越近，我可以清楚地看到金门大桥的斜拉索优雅地从半岛的一端延伸到另一端。

那天的水面平静极了，从海面上，我甚至看不出就在距离我们几英里远的地方，竟然伫立着世界上最大的城市之一。直到快要穿过大桥时，我才听到上面传来车辆穿行的声音。我们穿桥而过，沿右侧航行，旧金山很快出现在了我们眼前。

当时太阳刚刚升起，照亮了旧金山北岸的一排排房屋，阿尔卡兹（Alcaz）当时还是一座令人敬畏的监狱，晨曦之中，它悄然出现在了我们的左侧。港湾大桥直接天使岛，并绵延伸向远处的奥克兰。旧金山陡峭的大街几乎爬满了每一座小山，一辆电车从两座高楼之间穿出，开向不远处的渔人码头。

我屏住呼吸欣赏美景，心跳仿佛就要停止，眼前这一刻也永远地印在了我的脑海之中。

旧金山彻底迷住了我。当我在这座城市起伏的街道上徜徉时，我简直不敢相信自己眼前看到的一切。我透过高耸入云的摩天大楼往上看，天空被分割成小小的一片片，早晨的时候，成千上万辆漂亮的汽车在港湾大桥上呼啸而过，大街上扫马路的工人们悠闲地抽着雪茄。此前我走遍了整个世界，但却从来没有见到过如此富有的城市。我自言自语道："美国的大街一定是用黄金铺就的。"

## 罗杰手记

### 遇见一位改变我一生的人

沿南太平洋返回英格兰的旅途中，我遇到了一位影响了我一生的人。他的名字叫亨利·卡特琳（Henry Catleen），他告诉了我一个成为高效能人士的真正秘诀。卡特琳博士出生于英国，当时居住在日内瓦湖北岸的洛桑。他曾帮助欧洲实现战后重建，是一位非常了不起的经济学家。当时我只有 21 岁，我想他可能已经六十多岁了。有一天，他问我："罗杰，你打算怎么度过自己的这一生？"

"哦，不太清楚，我还没有认真想过这个问题，"我回答道，"我很喜欢眼前这份工作，既可以环游世界，又能赚钱，但我并不希望自己这样过一辈子。有些老船员似乎根本不知道自己还可以过其他的生活，这让我感到可怕。我可不喜欢一辈子都做这件事。"

"我给你一些建议吧。"他说道。然后他又叫了一杯饮料，接着告诉我，"你想要做什么其实并不重要。一个优秀的人做什么都能成功。关键是你要选择自己最喜欢的事业，然后投入所有的精力和热情去从事它。"此刻海面波光粼粼，老人停顿了一下，好像是要让他的这些话沉淀到我心里。"我来帮助你做个计划吧，"他接着说道，"你觉得自己最擅长什么？随便说一件事。"

我告诉他我感觉自己非常擅长销售。在出海之前，我曾经卖过电视、收音机和电冰箱。我很喜欢做销售，而且很享受这个过程。卡特琳博士说道 :“那么我们为你的销售生涯做个规划吧，首先，你想去哪里工作？”

“我就住在英格兰南部的博格诺里吉斯( Bognor Regis ),”我告诉他，“我可以在那里工作，或者也可以坐火车通勤，到伦敦城工作。”

“不，不，”他摇了摇脑袋，“我是说你想要去哪里工作？”

我一下子糊涂了。“我想我已经告诉您了。我可以在博格诺里吉斯工作，也可以去伦敦城。”

“不，罗杰，放开去想。我问你，在这个世界上，你想去哪里过完自己的销售生涯？你已经周游了整个世界，告诉我你最喜欢的地方是哪里。”

以前从来没有人跟我说过这样的事情。也没有人告诉我我可以去任何我想去的地方，做任何我想做的事情。

正如欧内斯特·赫尔墨斯（Ernest Holmes）所说的那样 :“一句箴言抵上一生的经历。”

我清楚地记得自己在旧金山时的感受，并激动地告诉卡特琳博士 :“要是可以的话，我会选择旧金山。那是一座很棒的城市——要是能生活在那里就好了。”

“那就去做吧！一年之后，你就可以住在旧金山，并在那儿工作了。”他似乎对我很有信心。

“我看不太可能，”我说道，“等我回到英格兰的时候，我会一文不名，我没有签证，在旧金山也没有朋友。事实上，我在旧金山一个人也不认识。我怎么能去那里工作呢？”

博士告诉我 :“在这艘船的值班室，你可以找到旧金山的电话簿，去吧，你只要打开电话簿，就可以看到旧金山所有百货商店的联系方式，你可以给他们打电话，下次再去旧金山的时候，你可以联系面试。”

就这样，他教给了我一堂让我终身难忘的课程。任何一个问题的答案都在我们自己内心深处，但很多人却没有注意到这一点，没能及时采取行动。成功需要勇气和主动性。你要愿意提出问题，去打电话，或者去写信。在很多时候，我们都很清楚自己究竟该怎么做，但就是没有勇气去迈出关键的一步，因为我们不愿意去付出哪怕是极其微小的代价。

为什么不愿意花上 20 美元拨打一个长途电话，去为自己寻找一个新的未来呢？这种投资的潜在收益实在太大了。如果你手头没有 20 美元，不妨少吃几顿饭，或者走路上班一星期，也不要因此而放弃自己的梦想。

为什么仅仅因为害怕遭到拒绝而不去给一个可能会给你重要的建议，或者能帮助你联系上你想找的人的人写信或打电话呢？就算对方挂掉你的电话，或者拒绝回复你的电话或给你回信，甚至直接骂你白痴，那又能怎样呢？无论遭受怎样的打击，只要它没有击垮你，就会让你变得更加强大，所以你根本不会失去任何东西。（根据我的经验，只要他们感觉你愿意付出努力，并且不会要求他们帮助你太多，大多数成功人士都会很愿意为你提供一些忠告和鼓励。如果他们根本不愿意为你提供建议或鼓励的话，你也就根本不会需要他们了。）

为什么仅仅因为嫌麻烦而放弃一个可能的机会呢？我有一位好朋友，她曾经当过很多年的演员，直到后来，她终于意识到自己的天分在于电影行业的商业领域，而不是表演。她告诉我，每年她都要去进行成百上千次试演，成功率只有不到五十分之一，哪怕是为了得到最小的角色，她也要经过数十次面试后才有希望。“这种小角色的片酬是多少呢？”我问她。答案完全出乎我的意料。大多数小配角的片酬只有 400 美元，这是演艺人员工会的最低薪资要求。只要简单算算就知道了，如果你得到一份报酬为 400 美元的工作的概率只有五十分之一，那说明你每次参加试演的片酬只有 8 美元。这难道不够让人沮丧吗？但同时你也不妨看看事情的另一面，一旦成为大明星，你就可以轻松赚到大把的美元，同时享受万众瞩目，你会拥有一种令人难以置信的成就感。为什么仅仅因为希望渺茫而放弃这一机会呢？

**如果你有一个梦想，如果你感觉自己有机会得到更好的生活，你必须**

**克服自己害怕作出投资的心理，你必须克服自己对于可能遭到拒绝的恐惧，你必须克服自己的惰性。你必须采取行动！**

## 忽视消极的言论

于是我接受了卡特琳博士的建议，他的计划帮助我去实现自己的梦想。我走到船长办公室，看到那里果然像卡特琳博士所说的那样，摆放着一摞摞全球各个城市的电话簿。我借来了一台打字机，给旧金山的六家百货公司写了求职信。其中两家百货公司给了我回信，我安排四个月之后，当轮船回到旧金山时，到他们那里接受面试。两家公司都很欣赏我的勇气，他们鼓励我继续坚持自己的梦想，但同时他们告诉我，如果不能拿到美国的工作签证，他们是不可能雇佣我的。就这样，当我最终来到美国时，这个国家并没有为我提供一份工作，但从这两次面试中，我发现美国人愿意接受外来移民，我很有可能会在这里找到工作。

几天之后，我再次在甲板上遇到了卡特琳博士，我很兴奋地告诉他我正在将我们的计划付诸实行。他向后靠着坐在椅子上，仔细地一边听我讲，一边若有所思。然后他向前倾了倾身子，告诉了我高效能人士的另外一个秘诀：千万不要让其他人拉低你的档次。

他的话让我大吃一惊，因为这听起来实在太不友善了，但后来我明白了他的意思。他是说这个世界上有很多一事无成的人，由于他们的人生实在不成功，所以他们也不希望别人能够取得成功，因为那样会让他们看起来很糟糕。

从那一刻开始，我就留意计算有多少人会建议我不要移民去美国。等到我一年之后带着 400 美元和仅有的两个皮箱来到旧金山的时候，我发现一共有 32 个人建议我不要这么做。

这些人的理由大致如下：

“美国竞争太激烈了！”他们告诉我，“你根本没有机会。”

“你会讨厌那种生活的！你根本没有机会取得成功。”

还有那些非成功人士的最典型的理由："你选的时机不太好。"他们告诉我当时美国经济形势正处于低谷，要是我几年前去美国，结果可能会不错，或者再过几年再去美国也行。还有人告诉我美国人会为了买食物而卖掉冰箱，因为那里的经济形势实在太糟糕了！多么荒谬啊！

我用了很多年时间才明白，在分析这个问题时，我犯了一个基本的错误：我问错了人！这些只会给我消极建议的人都是些什么人呢？这些试图阻止我实现我的梦想的"朋友"究竟是些什么人呢？他们都是一些没有做过我计划做的事情，而且也根本不会准备付出我所要付出的代价的人。如果我真的想要知道加州的生活究竟怎样，我应该问谁呢？我应该问那些曾经在旧金山生活过的英国人，对吧？他们会告诉我什么呢？"过来吧！"他们会告诉我美国的生活究竟有多棒，我应该立刻前往美国，而且他们可以保证我会喜欢那里的生活。

## 经典案例

### 徒手抬起吉普车

越战期间，曾经发生过一件非常有趣的事情。有一天，四位美国士兵正开着吉普车穿过一片丛林，道路非常狭窄。突然之间，丛林里枪声大作，四位士兵立刻刹车，向两边跳下吉普车，躲进丛林里隐蔽起来。由于吉普车目标比较大，所以成为伏兵攻击的对象。这时带兵的中尉根本看不到其他三位士兵，于是他大声喊道："各位，我们现在有三个选择。一是回到路上，开着吉普车，加足马力往前冲——但那样很可能是直接冲进敌人火力最猛的地方；第二个选择是设法经过丛林逃生，但我们都知道，这样做成功的可能性极低；第三个选择是回到路上，抬起吉普车，掉转方向，然后按原路返回。这听起来似乎是最安全的选择，我想着可能也是我们唯一的机会。"

另外三个人一致表示同意，"但有个问题，"中尉又补充道，"我们必须确信我们四个人能够抬起吉普车。等我们回到路上之后，如果有哪怕一个人不确定这一点，我们就全没命了。所以我一定要确保所有人都坚信我们能够抬起吉普车。”

然后他大声喊道：“你们觉得我们能做到吗？”

“能！”

“能！长官！”

“能！行动吧，长官！”

“好，听好了，一——二——三，行动！”四个人尖叫着冲向吉普车。他们每个人抬起一角，将吉普车掉转方向，然后迅速跳上车子，开足马力，冲回到安全的地方。

故事到此并没有结束。当四个人回到营地，告诉大家自己刚才的经历时，没有一个人相信他们所说的一切。没有人相信四个人能抬起一辆吉普车。于是大家开始打赌。最终所有人一共下了900美元的赌注，他们坚信这四个士兵根本不可能走到操场上，抬起那辆吉普车。

如果你曾经去过越南，相信你一定知道，900美元可是一个非常庞大的数字，所以四位士兵很有动力去证明自己能够做到，而且他们知道，这一场赌博事关自己的名誉。他们都希望向战友们证明自己并没有撒谎。虽然这并不是一场事关生死的赌博，但他们还是同样面临很大压力。

就这样，当四位士兵走到操场，准备再次抬起吉普车时，他们发现自己根本抬不起来！

为什么在丛林里能抬起来的东西，到了操场上就抬不起来了呢？区别在于，在操场上时，周围有几十个人站在那里，告诉他们根本做不到，而在丛林里时，每个士兵旁边虽然只有三个同伴，但大家却一致坚信能够做到。这就是积极态度的强大威力。

## 离开那些破坏你心态的人

无论你的目标是什么，这一道理都同样适用。当所有人都告诉你“你根本不可能成功”的时候，你很难实现自己的目标。如果想要改变自己的生活，你就必须要学会忽视那些总是想要拖慢你步伐的人。

相信你一定接触过这样的人，对吧？他们似乎每天都能找到一些不好的东西跟你交流。如果那天早晨起床后没有听到一些坏消息，他们就会感觉很不正常！高效能人士都懂得该离开这样的人。你可以对他们保持礼貌，但当有人想要用消极的思维来毒害你的大脑时，一定要学会敬而远之。

比如说，每次在我演讲的中场休息间隙，当有人想要走上前来跟我进行交流的时候，我都会感觉非常开心，但有时我也会碰到那些一心想要破坏我这种心情的人。他可能会告诉我刚才的幻灯片哪里出了问题，或者是抱怨走廊里有人抽烟。只要稍加练习，你就能在 100 英尺之外看出这种人。正像爱丽丝·罗斯福·朗沃兹（Alice Roosevelt Longworth）所说的那样：“他们看起来就像是一把干瘪的咸菜。”前来听演讲的人可能有 500 个，有 499 个都过得很开心，为什么要因为一个人不开心而影响我下半场演讲的情绪，从而影响到其他 499 个人呢？这样公平吗？所以每到这个时候，我都会保持高度警惕，决不让那些带有消极情绪的人靠近我身边。

厄尔·南丁格尔曾经跟我讲过一个非常有趣的故事，那是他在澳大利亚发表巡回演讲时的亲身经历。他在自己的录音节目中曾经提到过这个故事：

> 几年前，在澳大利亚悉尼作演讲时，我曾经应邀参加一家电视台的访谈节目。那是一档晚间访谈节目，节目主持人很年轻，邀请我的时候笑容可掬，非常真诚。可就在节目即将开始时，我突然意识到自己犯了个错误。这种节目的主要目的就是贬低嘉宾，主持人通常会面带微笑地讽刺和刁难嘉宾，他们看起来更像是律师而不是主持人。无论嘉宾回答什么，主持人都会用一种不以为然的口吻去评论，有时你甚至可以感觉到他们在咬牙切齿。我想大家都看过这样的节目。幸运的是，我很快就发现了这个问题，并且可能是因为我在广播和电视节目上的经验比较丰富了，我发现自己处于一种非常不利的境地。就在这时，主持人问我一个问题：“南丁格尔先生，据说您一向对生活都抱

有一种积极乐观的心态，这个世界上难道就没有什么事情是您不喜欢的吗？”我回答道：“哦，是的，我有时也会讨厌一些事情。比如说这个节目，还有你！”然后我微笑着摘掉麦克风，离开了演播大厅。主持人坐在那里愣住了，还有25分钟时间，他只能靠自己了！让我感到最有趣的是，我看到所有的工作人员都在冲我微笑，甚至有人跑上来跟我握手。

没有人有权力为了自己的心情而破坏你的积极心态。遇到这种人时，不妨立刻走开。

## 不要轻易放弃

高效能人士都会严格遵守一条规则——不让那些没有亲自尝试过的人说服自己放弃某个计划。如果你有某种“不做就无法闭眼”的野心，一定要记住这条规则。你想要从加德满都步行到北京吗？这个世界上任何人都有权利去说服你这么做，但只有那个实际做过的人才有资格说服你放弃这个计划。

想要辞去工作，搬到康涅狄克州当画家吗？所有人都可以说“去干吧！”但只有那些亲自尝试过的人才有资格告诉你，“你一定是疯了”。

那些银行信贷部经理就是最典型的例子。如果你打算听从信贷部经理的建议，还不如去大街上找个清洁工给自己算命。

你梦想着开办自己的公司吗？你梦想着成为一位发明家吗？你曾经梦想过要以当顾问为生吗？就算是开家洗车店这样的计划，也不要去征求那些没有开过洗车店的人的建议。

一定要严格排斥那些负面的想法，远离那些具有负面想法的人。要努力训练自己，坚信美好的事情一定会发生在自己身上，坚信你能改变自己的生活。

SECRET NUMBER 7

# 要改变生活，首先要改变自己

Power Performers Know
That for Things to Change, They Have to Change

把想要的东西写到纸上带在身边，坚持 30 天，
竟让一个靠预支薪水度日的人升职，
难道真有魔法？

## 一张让人升职的“魔法纸”

来到美国 6 年之后，我的一位朋友从英格兰来看我。他问我：“罗杰，你喜欢美国吗？”

我说道：“是的，棒极了。我喜欢这个地方。我最喜欢的一点就是它没有阶级。在英国，你在哪里出生，你的父母是干什么的，你上过什么学校，这些都会影响你的一生。在英格兰，哪怕你从贫民窟一直成为亿万富豪，在那些贵族眼里，你也还是一个暴发户而已。而事实上，那些大多数所谓的贵族一辈子都没做过一件有意义的事。

“我的父亲大半辈子都在伦敦开出租车，所以要是在英国，我一辈子都没有什么机会。但是在这个国家，一个人的出身和教育程度根本不重要，事实上，很多成功人士都会以自己的卑贱出身为荣。对于美国人来说，真正重要的是你在如何度过你的人生——你现在在做什么，你以后准备怎么做。这就是我最喜欢美国的地方。”

“罗杰，”这位朋友说道，“记得你曾经说过美国的大街都是用黄金铺就的——这是一个充满无尽机遇的地方。你现在还这么认为吗？”

“是的，我必须告诉你，”我回答道，“虽然我很喜欢这个地方，但我的经济状况并不好。我是一家百货公司的销售员，但我赚的钱甚至不够养活我的妻子和两个孩子。

“就在上个星期，我还经历了一件让我非常尴尬的事情。我们通常是在星期五发薪水，但上个星期公司的电脑系统坏了，他们告诉我们要等到周一才能开出支票。如果有人急需用钱，可以先申请预支薪水——但只有那些迫切需要提前领取薪水的人才能这么做。让我感到羞愧的是，我是唯一需要预支薪水的人。我简直不敢相信，在这个国家生活 6 年之后，我居然只有预支薪水才能度过这个周末。

“几天之后，一位好心的邻居给我的孩子们送来几件旧衣服。我感到惭愧极了，我甚至没钱给自己的孩子买衣服。”

“你准备怎么办呢？”这位朋友问我。

“我在努力争取升职，”我回答道，“我想要到更大的商店里当经理。可虽然一直在努力这么做，我现在开始有些怀疑自己能否得到这个机会了。”

“如果我说有一个办法能够在 30 天内得到你想要的升职，你会这么做吗？”

“当然，”我告诉他，“我当然会。”

“那就试一下：把你想要的东西写到一张纸上，写得详细一些。每天都把它带在身边，坚持 30 天，要坚信自己一定会成功。”你知道我的反应是什么吗？“哦！别玩了。别跟我提那些积极思考的东西。我也读过很多这样的书，根本没有用。”

这位朋友微笑着说道：“你有更好的办法吗？”我当然没有，于是就只好尝试他的办法。我在一张纸上写下自己想要的东西，并告诉自己一定会成功。果然，30 天之后，我得到了一个升职机会——一切都跟我想象的一样。很长一段时间里，我都怀疑这位朋友是否施了什么魔法。我简直不敢相信这个方法居然那么有效。

直到很多年以后，我终于理解为什么这种方法会如此奏效了。在跟朋友交谈之后的第二天，上班之前，我开始问自己：“我想商店经理一定会比大家提前一会儿去上班。他需要提前处理完所有的书面工作，这样他就可以在白天的时候来到销售大厅去现场感受人们的购买趋势。”于是我也决定提前 20 分钟去上班，并在白天花更多时间观察人们是如何进行采购的。

“我想一位经理一定比一般员工穿得更加正式一些，他也不会用掉半个小时时间去喝杯咖啡。而且我想他也不整天抱怨自己的上司。”于是我开始穿得更加正式一些，喝咖啡的时间尽量缩短，并且开始学会感激自己的上司。

结果呢？我整个人都开始发生变化。30 天不到，大家就纷纷相互转告，“最近罗杰改变了不少，可能他真的准备好升职了。”要想改变你的生活——你必须学会改变自己。

**高效能人士非常清楚这一点，他们会为自己确立一个积极的期待，确立正确的目标，并且会坚信，只要自己愿意改变，就一定能够实现自己的目标。**

SECRET NUMBER 8

# 为自己创造机遇

Power Performers Know How to Create Opportunities

一个拼写错误的招聘广告为他提供了一个撰稿人的职位，
仅因为他幸运吗？
驾车去办公室路上偶然听到的一段广播，
竟成就了他的喜剧演员之梦，难道真是巧合？

对于一般人来说，高效能人士似乎都是这个世界上最幸运的人。机遇总是在门口等着。当其他人都在艰难度日的时候，他们却似乎可以轻松地从一个成功走向另一个成功。难道，他们能够为自己制造机遇吗?

## 专属于你的好运气

难道高效能人士掌握了某种神秘的力量，能够控制自己所生存的周围环境吗？表面上看来是这样的，但它同时有着背后的原因。

在过去的200年中，人类几乎彻底重新思考了自己与我们所生存的这个星球之间的关系。30年前，我用了4个星期才从日本来到加利福尼亚，现在我们只用10个小时就够了。不久之前，我还在1340年修建的萨尔斯堡城堡里。可与此同时，贝弗利山的新世界饭店却在为刚刚挺过第一年而大肆吹嘘。

对人类而言，进步和改变都是一些相对较新的词。200年前，人们很少会考虑“变化”这个问题。哪怕是一辈子都面对着一条河流，也不会有人想到要在河边修建一条大坝进行水力发电。哪怕是一辈子都面对一座山，也不会有人想到要去开山修路，或者是修建度假村。人的生老病死完全依据自然规律进行，根本没有人会思考“如何延年益寿”这个问题。

可如今不同了，随着科技的进步，我们开始越来越多地去影响和控制我们生存的环境，我们开始感觉这个世界上几乎没有什么东西是无法改变的。

几年前，全世界顶级的高效能人士——来自世界各地的一流科学家们——在拉斯维加斯举行了一次“全球基础建设项目大会”，专门讨论那些过于庞大，无法凭借一国之力完成的项目。

他们所讨论的项目包括：在白令海峡修建大坝，将美国和俄罗斯连接起来，并可以通过水力来为人类创造出永不枯竭的电能；将加拿大的水引入墨西哥的沙漠，将沙漠改造成整个美洲的农业中心；在巴拿马修建一条与海平面持平的运河；把撒哈拉沙漠改造成良田。

他们所讨论的一个最有趣的议题就是在阿拉斯加的北坡油田修建一条公路，穿过北极，直通北欧和俄罗斯。科学家们通过研究证明，在北极修建公路实在是一件再容易不过的事情了。你只要按照设计的路线在水面上喷洒一些水雾，就可以很快铺成一条像高速公路一样坚固的路面。唯一的问题可能就在于，由于北极的冰盖每年都会按顺时针方向漂移几英尺，所以这条公路可能无法永远保持同样的方向。“没问题，”该计划的倡议者哈罗德·海因兹（Harold Heinze）指出，“由于修路成本很低，我们很快就可以再修一条路出来。最终北极的冰盖看起来会像是一个车轮，这些道路就像是辐条。”

听起来根本不靠谱，是吧？好像这些参会人员都是在做白日梦，是吧？但并非如此。哈罗德·海因兹是阿拉斯加 Arco 公司总裁。巴拿马运河的项目是得到美国政府资助的，而负责该项目的则是三菱公司的研发主管。

这个世界上并没有什么是绝对的，我们完全可以影响自己所生存的世界。如果说在过去的 200 年中哪条主线是在贯穿人类发展始终的话，那就是：我们对周围世界的控制权正在变得越来越大。高效能人士可不会坐等机会来上门，他知道自己能够控制自己的命运，懂得如何去创造自己的机遇。

## 为什么我们可以主宰自己的命运

下面我们通过一个游戏来说明为什么我们可以控制自己的命运。请列出你生命中最重要的两样东西。比如说其中一个可以是你的另一半，另一个可以是你梦寐以求的工作等。你来选择。千万不要只是讨论一些低档次的物质要求。如果你告诉我你最想要的是一辆 1974 年产的别克车，那你可真是让我失望。但同时一定要具体。千万不要说是“爱”或者“健康”！想一分钟，写下你生命中两个最重要的东西，然后继续进行这项练习的第二部分。

我生命中最重要的两样东西：

（1）____________________________________

（2）____________________________________

第二个问题是——这两个目标都已经实现了吗？我在研讨班上带领成千上万的人做过这个练习，几乎所有人的回答都是肯定的。这难道不是很奇怪吗？我们最想要的东西基本上都可以得到。为什么会这样？可能是我们的确很想要它们。

下面我们来深入分析一下为什么这些目标能够实现。

这些目标是如何实现的？

（1）____________________________________

（2）____________________________________

### 罗杰手记

#### 离开英格兰

20 岁那年，我正在英格兰的一个海边小镇销售家用电器和电视机。这家商店的老板非常喜欢进攻式市场营销技巧，所以他派杰克·哈维（Jack Harvey）前往美国去研究他们的营销方式。哈维在纽约和芝加哥待了两个星期，专门研究为什么美国人的销售方法是世界上最棒的。从美国回来之后，哈维给我讲了很多关于美国的有趣故事。他告诉我，在美国生活将会是一种截然不同的经历。听到这些之后，我开始萌发一个强烈的梦想，我告诉自己，一定要去看看这个让哈维如此兴奋的国家究竟是什么样子。

在当时，这对我完全是一个无法实现的梦想。我的家族祖祖辈辈从来没离开过英格兰。到当时为止，只有我们的一位远房亲戚去过一趟欧洲大陆，再没有人去过其他地方。美国对于我们来说完全是一个遥远的梦想。

几个星期之后，我收到我在伦敦摄影学院的朋友罗杰·肯戴尔（Roger Kendall）寄来的一张明信片。他当时正在做海上摄影师，经常在从英格兰到纽约的游轮上工作，偶尔还会去加勒比海。他是从维珍群岛寄来这些明信片的。在进行这些旅行的时候，罗杰不仅不需要支付任何费用，他还可以从中赚到钱。对于我来说，这简直就是一生难求的机遇：不仅可以去美国，而且还可以赚到钱。于是我给罗杰写信，问他是如何找到这份工作的。他给我回信，建议我去找一家名叫“海上摄影”的公司，他告诉我这家公司就在伦敦西北50英里的小镇上，我可以去亲自拜访这家公司的老板。我给这家公司打电话联系面试，并开车前往公司所在地科尔切斯特（Colchester），由于当时一艘船上的第四摄影师正要离职，老板为我在这艘船上安排了为期两周的工作机会。这也就意味着我必须辞去当时的工作。为此我内心斗争了很长时间：毕竟，我非常喜欢销售，而且那是一份稳定的工作。但最终我还是决定接受这份工作。

没过多久，我开始了自己的环球航行。当时我只有20岁，对我来说，这次旅行不仅是一次巨大的历险，而且也是我于1962年移民加利福尼亚的最主要的原因。

一切听起来就像是一个令人难以置信的巧合，不是吗？几个星期之前，我刚刚想过要去美国，当时我还觉得那只是一个遥远的梦想，几个星期之后，我居然就得到了一个这样的机会——而且还可以赚钱！

我敢肯定，我们每个人都曾经遇到过这样的巧合，比如说可能你就是在这样的巧合之中遇到了自己的另一半，或者正是在这样的巧合之中实现了自己的事业飞跃。

我的一位朋友跟我讲过他当初移民加利福尼亚的故事。当时他想要成为一位电台节目撰稿人。那时他已经几乎要弹尽粮绝了，迫切需要一份工作来谋生，他的妻子问他是否看过报纸的“求助版”。他问妻子：“你难道不知道好莱坞每天有多少撰稿人在找工作吗？毫无疑问，他们根本不需要在报纸上登广告招人。”可尽管如此，他最终还是找来了一份报纸，打开一看，他发现上面并没有公司在招聘电台撰稿人，但有人却在招聘零售撰稿人。他根本不知道“零售撰稿人”到底是干什么的，出于好奇，他还是拨通了这家公司的电话。“哦,那是个拼写错误,”对方说道,“我们是在寻找广播节目撰稿人。”就这样他得到了这份工作。这难道不是非常奇怪的巧合吗？

我敢肯定，你这一生一定经历过多次这样的巧合。为什么会这样？难道真的是冥冥之中自有命定，还是我们真的能够控制自己的生活？或者是这些机遇一直都在，只有当我们的欲望足够强烈的时候，我们才能看到它们？

想想看，在我朋友送给我的那张明信片之前，在杰克·哈维从美国回来之前,我可能已经有机会去美国了。但这些机会能够对我产生多大影响呢？可能并不会太大。我可能只会觉得那是一张不错的明信片，仅此而已。我可能会错过以后所有的这些机会。但因为我首先有一种强烈的欲望去周游世界,这张明信片才能点燃我的欲望,促使我抓住这个难得的机会。我坚信,只要你的欲望足够强烈，你就完全有可能去做你想做的任何事情，去到你想去的任何地方，机会始终都在，只是你首先必须点燃自己的欲望。

记住：这个世界上每天都在发生成千上万个奇迹，那些认识不到这一点的人只是没有听到或看到它们。

那为什么欲望会给你带来机遇呢？

当一个人的欲望被某个具体的目标点燃时，它就会为你带来巨大的机遇。一旦你坚信自己的目标一定会变成现实，它就会产生巨大的魔力。似乎只要我们的梦想足够强烈，所有的梦想都可以变成现实。

当然，如果你正在想着自己开着一辆别人免费送给你的白色奔驰在高速公路上飞奔，那你很可能是疯了。但如果你为自己设定一个具体的目标，告诉自己要在 90 天之内以远低于市场价的价格买到一辆奔驰，那是完全有可能的。比如说你的一位很多年前的同事可能会给你打电话，问你要不要买辆奔驰，他可以低价卖给你。也可能你路过超市的时候，突然看到一个公告牌，写着某家汽车经销店正在进行优惠大促销。难道积极思考的力量能促使这一切发生吗？当然不是。**这些机会一直都在，只是当你相信它可能发生的时候，你才会注意到它。**

## 一个能够改变你一生的游戏

几年前，我和茱莉亚、德维特一起在阿斯蓬滑雪，当时一起去的还有一群好朋友。一天晚上，我们围坐在篝火旁边，玩一种思维游戏。这是一个非常有趣的游戏，下面我们一起来做一下。

首先，我要请你认真地思考一下，然后回答一个问题：**如果你只能活 60 天，你会如何度过这段时间？**钱根本不是问题，你手头的钱绝对足够让你做任何事情，而且你也不可能让任何人继承你的遗产。健康也不是问题——你在这 60 天里会绝对保持健康，完全可以做任何你想要做的事情。如果是这样的话，你会如何度过这最后 60 天？

放下书，深呼吸，仔细想一想，下定决心，然后写下答案。

如果生命只有 60 天，你会怎么做？

我曾经在我的研讨班上多次进行这项练习，有趣的是，我发现很少有人会在这 60 天里获得一些物质上的东西。大家的回答几乎大同小异。出现频率最高的答案是：去旅行。有人想要乘坐“伊丽莎白女王号”去周游世界，有人想要去到自己祖父生活过的意大利乡村，还有人想要去香港。对于大多数人来说，旅行似乎都是一个没有实现的梦想。

出现频率位居第二的是：多抽出时间陪陪自己的家人。这些回答全部发自内心，非常感人。有人回答："我想要抽出两个星期的时间单独跟我女儿在一起。自从我跟她妈妈离婚之后，我们就很少有时间单独相处了。我有很多事情都想告诉她。我会告诉她我去过哪些地方，我为什么要去。我还会告诉她我做过哪些事情，以及为什么要去做。我会告诉她我曾经见过哪些人，告诉她人生可以成为一场多么有趣的旅行。我会告诉她我有多爱她，我会多么想念她。"

还有人会说："我想要抽出些时间单独跟我的太太/先生在一起。看到这个问题的时候，我突然想到我们过去25年里都把孩子放在最重要的位置，却从来没有想过对方的感受。我不知道为什么直到现在我才想明白这个问题。我想要在一个安静的湖边租一间小屋，我们什么都不做，只是静静地待在一起。"

没有一个人告诉我，"我想要买一辆红色的法拉利，然后开着它穿越整个国家，看看我能吸引到多少女孩子。"也没有人说，"在过去30年里，我一直在想尽一切办法在公司里做到更高的位置。如果有很多钱，我就会买下这家公司，按照我的方式经营它最后两个月。"也没有人说，"我会到城里最繁华的地段买下最贵的房子，我会多给房主100万美元，让他什么都别带，在一个小时之内离开这所房子。然后我们可以彻夜狂欢，举行派对，所有人都会注意到我们的。"

有趣的是，通过这项练习，你可以看到自己真正想要的和你眼前正在做的，其实不是一回事。打个比方说，你可能在全心全意地投入工作，但它对你来说，真的是最重要的吗？你一直在想尽办法买辆新车，买套新房子，但那些对你是最有意义的吗？我们大多数人都用了太多的时间去获取物质上的东西。但当我们生命将尽，只需要面对自己的真实感受时，物质上的东西似乎突然之间变得不再那么重要了。

下面是这项练习的第二部分。**如果你现在没有在做你生命最后60天里最看重的事情，为什么现在不去做呢？**

为什么现在不去做？

这个游戏非常有趣，它让我们所有人都开始把重心转移到当下。高效能人士总是能够活在当下。

他们从来不会想，“是的，我的确讨厌我的工作，它非常无聊，跟我共事的那个笨蛋简直要把我气死了，我每天都在拼命克制自己，只有这样我才能不去伤害我那个混蛋上司——我还有 10 年就退休了——我现在不能辞职！只要再熬上 10 年，我就可以卖掉我现在的房子——反正我也不喜欢它，要不是离工作地点近，我早换房子了——到湖边买个小屋，再买辆房车，就可以带着爱人四处旅行了！”

这听来似乎有些搞笑，但同时也会让人感到辛酸，不幸的是，这个世界上大多数人都是这样度过自己的一生的。他们总是想着，只要能够坚持一下，自己就可以积攒到足够的幸福筹码，然后就可以愉快地生活了！

可事实上，研究表明，当一个人不喜欢自己眼前的工作时，他大概只能发挥自己 15% 的潜力。高效能人士非常清楚，只有去做那些对自己真正重要的事情，才能激发出自己的最大潜力，他们才能创造奇迹。

## 我是如何实现童年梦想的

还是说说我的答案吧。我告诉大家：“如果生命只有 60 天，我会立刻搭上飞机，飞往印度的新德里，然后从那儿赶往尼泊尔的加德满都。然后我会雇佣几个夏尔巴人，让他们带我到珠峰大本营。”

朋友们都惊呆了，他们简直不敢相信我的决定。从 13 岁那年，这一直是我的梦想。记得那是在 1953 年，就在伊丽莎白女王加冕的前夜，消息传来，英国登山队在约翰·亨特的率领下登上了珠峰。这实在是一件珍贵的加冕礼物！

一年之后，英国放映了一部关于这次登山的电影，政府要求所有学生必须观看。当时我还清楚地记得同学们穿着整齐的校服，手拉着手去电影院的情景。想想看，对于一个 13 岁的孩子来说，这该是多么巨大的震撼啊！直到 24 年之后，我仍然在为这样的历险心驰神往。

对于其他几个人来说，阿斯蓬的那个晚上只是一场有趣的游戏，但在随后的几个星期里，那个梦想一直萦绕在我的心头，久久挥之不去。我并没有计划去登顶超过 29 000 英尺的珠峰，但我想前往海拔 18 000 英尺的珠峰大本营总是可以的。

大约 5 个月之后，发生了一件非常奇妙的巧合。有一天，我正在翻阅《洛杉矶时报》，突然一则广告吸引了我。原来洛杉矶一位女士正在组织一场前往珠峰大本营的旅行。

这位女士名叫凯瑟琳·惠特利（Catherine Whitley），我立刻拨通电话，跟她讨论这件事。没错，她打算组织一帮朋友前往珠峰大本营，时间定在当年 11 月。听起来有些奇怪，但惠特利告诉我，珠峰每年 7、8、9 三个月份都在飘雪，虽然 11 月已经是冬季，但那时路面却非常干爽。

最终我们一行 5 人确定了行程。我们将从不同的方向飞往加德满都，从那里搭乘小飞机飞往卢克拉（Lukla）——埃德蒙德·希拉里爵士于 1952 年修建的小型停机场。埃德蒙德在攀登珠峰过程中，对当地的夏尔巴文化产生了深深的迷恋，于是他决定将自己的后半生用来改善夏尔巴人的生活。当时很多夏尔巴人都患有甲状腺肿痛，为了治疗这一疾病，埃德蒙德决定调来一些碘注射液，于是他和一个村庄的夏尔巴人徒手修建了这座停机坪。

据说埃德蒙德曾经在这里等待自己的妻子和女儿。当时他已经在山里生活了几个月，远在新西兰的妻子和女儿决定坐飞机来看他，听到消息之后，埃德蒙德欣喜异常，一直站在这座停机坪等待她们的到来。可就在他焦急地等待的时候，消息传来，妻子和女儿乘坐的飞机在加德满都起飞时出现故障，她们全部遇难。此时埃德蒙德的心情已经不能用狂乱来形容了，在随后的几个月里，他将自己隐藏在大山深处，与世隔绝。直到几个月后，所有人都以为他会永远离开这个让自己伤心的地方，可让大家万万没有想到的是，埃德蒙德决定继续留在这里，帮助夏尔巴人过上更好的生活，后来他成了夏尔巴人最好的朋友。

在卢克拉，我们见到了前来为我们当导游的夏尔巴人和他们的牦牛，随后开始前往珠峰大本营。我们沿途在夏尔巴人的村庄里休息了几个晚上，有时夏尔巴导游也会帮我们在水流湍急的河边安营扎寨。

在南池市场（Namche Bazar）——大多数夏尔巴人都在这里出生和长大——我们进行了休整，以便能适应海拔 11 300 英尺的高度。导游告诉我们，此后我们每天大约只能攀登 1 000 英尺了。

夏尔巴人谭新·诺尔盖（Tenzing Norgay）于 1914 年出生于这里，在自己的孩童时代，他曾经离家出走，前往印度的大吉岭（Darjeeling）生活过一段时间，并加入了当地的喜马拉雅俱乐部。后来他成了一名极具传奇色彩的导游，他攀登珠峰的次数超过了世界上任何一位登山运动员。最后他亲自组建了一家导游公司，专门负责带领登山运动员攀登珠峰。由于他的才能，约翰·亨特雇佣他加入珠峰远征队。

休整完成之后，我们继续攀登。下一站是世界上最偏远最美丽的寺院潭波切寺（Thyangboche）。据说很多佛教徒都宣称自己曾经在这里亲眼看到过雪人。而且 1953 年约翰·亨特攀登珠峰之前，也曾经在这里休整过两个星期。我至今还清楚地记得 24 年前我看到这幅场景时的心情！记得约翰·亨特曾经在纪录片《征服珠峰》（*The Conquest of Everest*）里这样描述潭波切寺：

> 潭波切寺一定是世界上最美丽的地方之一。这里海拔超过 12 000 英尺。寺庙耸立在山背处的一个拐角，四周是一片带有中世纪色彩的建筑，在这里，你可以看到世界上最美丽的山景。

离开潭波切寺之后，再经过一个星期的跋涉，我们最终来到了海拔 18 000 英尺的珠峰大本营。这座巨大的冰盖包含了许多房子那么大的冰块，多少年来，这座冰盖一直是众多登山运动员的梦魇。1951 年谢普顿（Shipton）登山队和 1952 年瑞士登山队都曾经试图突破这座冰盖，但最终却因为无法携带足够的装备而只好放弃登顶。直到后来，约翰·亨特才凭借自己的组织天才成功登上了峰顶。

这是我梦想了 24 年的时刻，可就在我下定决心要这么做之后 9 个月，我就把它变成了现实。这是多么不可思议啊！

## 如何在好莱坞为自己创造机遇

我的朋友比尔·沃尔夫是CBS一名新闻撰稿人，他一直梦想着成为一名即兴喜剧演员。他为人机智，极富幽默感。他曾经为娱乐行业的一些朋友做过现场表演，他们的评价是：选材不错，但笑话有些太复杂了，恐怕一般观众听不懂。这让比尔勃然大怒，他下定决心，一定要找个机会进行一场公开表演，看看“一般观众”到底能不能听懂他的笑话。

机会很快来了！一天，比尔驾车去办公室的路上，突然听到当地的NBC广播电台正在举办一场即兴表演比赛。听众可以在中场休息时打进电话，并有机会通过广播说上一段。获胜者将有机会参加NBC的表演节目。猜猜比尔怎么做？他会告诉自己“到了办公室之后，我再给他们打电话了解一下情况”吗？当然不是，我们的比尔可是一位高效能人士，他绝对不允许这样的机会从自己眼前白白流走。

他立刻把车子停在了一座加油站，冲向公共电话亭，拨通了那个广播节目的热线电话。在以后的一分钟时间里，比尔的表演让所有人捧腹大笑，他成功了！此后一个成功接着又一个成功，几年之后，比尔就被邀请在世纪之城参加歌手肯尼·罗杰斯（Kenny Rogers）的演唱会了。

难道是积极思考的力量让这家电台举行这次比赛，让比尔碰巧在适当的时间调到这家电台吗？当然不是。如果不是比尔下定决心一定要成功，他可能根本不会注意到那天节目中主持人所说的话。但一旦下定决心，他就会立刻留意身边的所有机会，并在机会出现的那一刻将其一把抓住。

事实上，只要能够下定决心，随时留意，我们每个人都可以创造自己的机会。机会并不会只青睐于少数人。**只要能够确定目标，采取积极的心态面对人生，你就能创造自己的机会。高效能人士知道该如何把握那些从身边一闪而逝的机会，你也可以！**

高效能人士并不比其他人幸运——那只是假象而已！

SECRET NUMBER 9

# 让钱为自己工作

Power Performers Know
How to Make Money Work for Them

从搅拌器经销商变成快餐店老板，不仅让他创造了快餐王国，
还让他赚到了 5 个亿，他的秘诀在哪里？
一次业余演讲，他卖掉了 10 美元的录音带；
成为演说家后，他卖掉了价值 50 万美元的录音带，
是什么让他身价倍增？

钱很重要。要想为自己创造一个愉快的生活环境，想让自己过上自由自在的生活，你首先必须拥有很多金钱。但如果你过于在乎金钱，你的生活最终就会变得非常悲惨。高效能人士的一个重要特点就在于他们知道该如何看待金钱。这也正是我将在秘诀 9 中所讨论的内容。

我最喜欢的一本书叫《在海滩上》（*On the Beach*），是一位名叫纳威尔·舒特（Nevil Shute）的英国作家在 1957 年出版的。他出生于英国，中年时移民澳大利亚。在 30 多年的时间里他一共创作了 25 本书，其中最著名的是《一个像爱丽丝的小镇》（*A Town Like Alice*）和《在海滩上》。《在海滩上》中的德维特是一名美军潜艇司令——在根据这部小说改编的电影中，这一角色由格里高利·派克扮演。德维特非常清楚，自己在美国的妻子和孩子已经去世了，但他在感情上拒绝接受这一事实，这一情节深深打动了我，所以我在第一次看到这部电影时就下定决心，以后我要是有个儿子，一定要叫他德维特。碰巧的是，25 年后，我的德维特开始交女朋友时，这位女孩子居然叫莫拉（Moira），她告诉德维特，她的父母是用这部电影中女主角阿瓦·加德纳（Ava Gardner）的名字为她取名的。

《在海滩上》中的故事发生在澳大利亚的墨尔本，讲的是一场核战争杀死了北半球所有的人，地球上所有的幸存者都涌进了墨尔本。由于核战争所制造的阴云仍旧弥漫在地球上空，所以所有人都知道，自己也活不了多久了。由于辐射所导致的死亡非常痛苦，所以政府决定给每个人发自杀药丸。

极度热爱生命的纳威尔·舒特在动荡的世界局势中变得越来越悲观，对人类的未来也渐渐失去了信心，《在海滩上》反应了他当时的情绪。他于1960 年在墨尔本逝世——就在他完成《在海滩上》仅仅 3 年后。在那一年，赫鲁晓夫决定退出联合国，在很多观察者看来，一场美苏之间的核战不可避免。当时舒特只有 60 岁。然而他所担心的这场核战最终并没有爆发，世界重新恢复了平静，但舒特却在《在海滩上》这本小说中让我们深刻地体会到了那种恐惧感。

当这本小说中的人物都知道自己很快就会死的时候，他们对金钱的看法开始改变。这时金钱已经没有任何价值了，如果想要什么东西，你只要去街上的商店里去拿就可以了；而且因为根本不需要钱，对于大多数人来说，他们也就没必要去工作了。

在这个故事中，读者可以看到一个男人开着有轨电车在墨尔本的女王大道上运送乘客。这个人之所以选择这种方式来度过自己生命中的最后几天——哪怕已经几乎没有乘客再需要搭乘电车了，而且他也根本不需要钱了——是因为这是他真正喜欢的事情。这个角色深深地打动了我，如果每个人都能真正爱上自己所做的事情，而不再只是为了金钱去工作，难道不是一件非常美妙的事情吗？

## 工作不仅仅是赚钱手段

让人感到悲哀的是，我们看到大多数人——有人说甚至有高达 90% 的人——都讨厌自己的工作。要不是为了养家糊口，他们甚至会当场辞职。你能相信这个吗？

我曾经看过一个电视节目，讲的是英格兰北部的造船厂。每天工人们上班之后，工头们就立刻锁上大门，直到一天的工作结束，哨声吹响之后，他们才会打开大门。于是每天距离下班之前几分钟的时候，工人们就会挤到门口，等着哨声吹响，然后他们就可以离开。

为什么会有那么多人死守着一份自己并不喜欢的工作呢?

我们来算笔账，一个人22岁大学毕业，然后他根据薪酬水平选择了一份自己并不喜欢的工作，他在这家公司一直工作到65岁。在这43年的时间里，他可能的确赚到了成千上万美元，但他的代价呢?

刚开始工作时，他对自己的未来兴奋不已，充满了想象和活力，每天都准备迎接新的挑战。但如果他只是在为金钱工作，到了65岁时，他就会失去所有的热情，甚至包括健康，最终黯然结束自己的一生。他把自己的一生卖给了公司。这样的生活真的是你想要的吗?如今那些成功的公司都非常清楚，他们不能仅仅给员工工资——而必须学会创造一个能够让员工们得到更大回报的工作环境。

随着老板对员工态度的改变，员工对老板的看法也在改变。如今那些精明的员工非常清楚，公司并不能给自己带来工作。自己并不是从工作岗位上赚钱，也不是从老板那里赚钱，作为一名员工，他们最重要的就是要不断培养和提高自己的技能，然后通过出卖技能来获取报酬。

让我们感到大为不解的是，如今居然有很多员工希望公司能够为自己提供所有必要的培训，包括销售技巧、谈判技巧、写作技巧或者是客户服务技巧等，他们甚至希望自己的公司能够更好地激励自己。简直让人感到不可思议!

在我看来，公司应该只负责给员工提供必要的知识，比如说产品性能介绍，公司政策和流程等。但公司并不负责教授员工技能。技能应该是员工自己准备的东西，不仅如此，他们还需要通过听录音带、读书或者是参加培训班的方式不断提高自己的技能。

高效能人士非常清楚这一点，所以他们会不断提高自己的技能，而不是请求老板来帮助自己，他们从来不会依附于任何公司。他们知道，一旦掌握了必要的技能，自己就永远是自由自在的。

## 不要依赖任何公司

我的个人经历很能说明我是如打破公司模式的。我曾经在一家大型百货连锁超市工作过 13 年。在这段时间里，我高效地完成了所有任务，只要公司有需要，我可以随时按照指示从一个地方调换到另一个地方。在这家公司工作期间，我的职业记录可谓完美。每当区域经理给我打来电话，告诉我，“罗杰，我们想让你去另外一个州工作一个星期，从下周一开始。”我就会立刻照办。但即便如此，在努力工作了 13 年之后，我赚到的钱还是不够养活妻子和三个孩子。

就在这个时候，我开始对房地产发生了浓厚的兴趣。在这段时间里，由于要经常不断在各地出差，我陆续在各地买了几座房子，当我不在当地时，我会把它们出租给别人。1974 年，当上司把我调到洛杉矶时，我还在加州其他地方，包括纳帕、奥伯恩、贝克斯菲尔德拥有自己的房产。每年房价都会有所上升，还款金额会有所下降，由于我享有税收优惠，所以我在出租房子时也不需要缴纳任何个人所得税。于是一方面，我要努力地工作来赚钱养家，另一方面，我每个月都会把一些租金支票存进账户，自己的财富也在不断地慢慢增长。直到有一天，我突然发现，我通过出租房子赚取的收益甚至超过了工作。于是我决定辞去自己的工作，当一名全职房地产投资人。

但就在已经写好辞职信时，我又冷静了下来。我开始想，“这份工作收入的确不高，但至少我是有保障的。而且我还可以享受健康保险，公司还有利润分享计划，我还可以领到退休金。”

我觉得再给公司一个机会。如果他们答应提拔我，我就会留下，否则就离开。于是我跟公司负责西部七个州的人事总监戴夫·库克（Dave Cook）面谈，我告诉他：“戴夫，你知道我已经为公司勤勤恳恳工作 13 年了。我的记录很好，我想你应该提拔我当分店经理了。”

戴夫告诉我：“罗杰，我们觉得你在公司表现得非常好，我想你一定能当上分店经理，但现在还不是时候。你必须耐心一点儿。”

我努力掩盖自己的不安，礼貌地说道：“戴夫，我想告诉你，我可能会重新思考自己是否要在这家公司继续工作了。”

他的反应让我大吃一惊。只见他向后靠到椅子背上，一脸愕然。他问我：“可是，罗杰，你还能去哪儿呢？你还能干什么呢？”

我感觉自己受到了极大侮辱，第二天就提交了辞职报告，两个星期之内，我离开了这家公司，开始了自己的房地产投资生涯。我很快发现，通过投资房地产，我一个星期赚到的钱甚至超过了过去一年的收入。（有趣的是，几个月之后，戴夫也离开了这家公司。）

后来我经常问自己，如果戴夫用另外一种方式处理我的要求，结果会怎样呢？如果他没有那么侮辱我，我还会继续留在那家公司吗？可以想象，如果是这样的话，我可能还是会继续自己的生活，仍然无法赚到足够的钱来养活自己的家人。

高效能人士会告诉你，他们也曾经有过类似的经历——也曾经有那么一天，他们决定再也不依赖于任何公司或任何人。就算是他们继续留在公司，他们也会不断提高自己的技能，让自己不再依赖于这家公司。

这个想法足以改变你的人生。

对于某些人来说，他们可能要到很晚才能意识到这一点。比如说肯德基创始人哈兰·桑德斯（Harlan Sanders）就是一个例子。直到晚年的时候，他还是没有取得太大成就，似乎要注定一生平庸了。退休之后，有一天，他打开邮箱，看到了自己的第一份社会保险支票。他看了看支票，想了几分钟，突然勃然大怒：“不！我才不愿意靠着联邦政府的接济度过这一生！”当然，下面的故事大家都知道了。

## 让钱为你生钱

除了现在的工作，你还有什么技能可以确保自己不依附于现在的公司，并且能赚到足够多的收入？

下面这堂课，只有很少数人上过。简单来说，你必须学会让金钱为你工作，而不是去为金钱挣扎一生。然而，可悲的是，我们的大多数教育机构都在告诉我们要学会赚钱，很少有人会告诉我们该如何用钱去赚钱。

我的孩子们还小的时候，我决定教会他们这一堂课。茱莉亚 15 岁那年就理解了为钱工作的原则。每次给孩子们零花钱之前，我都会要求他们做些事情，慢慢教会他们学会赚钱。现在我想教会他们去让金钱为自己工作。

我有一辆旧的普利茅斯汽车，虽然一切正常，但样子看起来非常老旧。我提议把这部汽车卖给茱莉亚，她可以把它改装一下，然后转手。我们之间举行了一场非常专业的谈判，我报价 500 美元，她还价到 100 美元，最终我们以 200 美元成交。

她当时并没有 200 美元，所以我决定以 10% 的利息借给她这笔钱。然后我帮她做了一张损益报表。当时她只有 200 美元的资产，就是那辆汽车。她的债务也是 200 美元。所以此时她的净资产值是零。

**表 9-1　资产值**

| 资产 | 债务 | 收入 | 净资产值 |
| --- | --- | --- | --- |
| 200 美元 | 200 美元 | 0 | 0 |

她和一位朋友把车子开到镇上洗干净，清洗了引擎，给车子打蜡，更换了几个零部件。然后她在当地报纸上登了一条广告——还是从我这里借的钱——以 400 美元的价格卖掉了车子。

她还了欠款，更新了她的收支损益表。在还清欠款之后，她的资产总值达到了 170 美元，而且没有任何债务。就这样，在 15 岁那年，她明白了该如何利用金钱为自己工作。

**表 9-2　资产值**

| 资产 | 债务 | 收入 | 开销 | 净资产值 |
| --- | --- | --- | --- | --- |
| 200 美元 | 200 美元 | 0 | 0 | 0 |
| 170 美元 | 0 | 400 美元 | 230 美元 | 170 美元 |

然后我问她准备如何处理这笔钱。买衣服，还是做些其他投资？可能我当时的表达方式有所不同，因为她说既然自己不用付房费，那就用这笔钱去继续投资！凭借一些巧妙的借贷手段，我帮助她在没有任何首付的情况下买了一幢价值 39 000 美元的房子。此时茱莉亚的资产价值达到了 39 000 美元，债务是 39 000 美元——资产净值仍然是 170 美元。

**表 9-3　资产值**

| 资产 | 债务 | 收入 | 开销 | 净资产值 |
|---|---|---|---|---|
| 200 美元 | 200 美元 | 0 | 0 | 0 |
| 170 美元 | 0 | 400 美元 | 230 美元 | 170 美元 |
| 39 000 美元 | 39 000 美元 | 0 | 0 | 170 美元 |

茱莉亚设法修缮了房屋，刊登广告，把房子租了出去。一年之后，她以 59 000 美元的价格卖掉了这套房子，获利 20 000 美元。此时她没有任何债务，净资产值达到了 20 170 美元。对于一个 16 岁的孩子来说，这的确是一个不错的成绩！

**表 9-4　资产值**

| 资产 | 债务 | 收入 | 开销 | 净资产值 |
|---|---|---|---|---|
| 200 美元 | 200 美元 | 0 | 0 | 0 |
| 170 美元 | 0 | 400 美元 | 230 美元 | 170 美元 |
| 39 000 美元 | 39 000 美元 | 0 | 0 | 170 美元 |
| 20 000 美元 | 0 | 59 000 美元 | 39 000 美元 | 20 170 美元 |

从此她开始用这笔钱不断投资，后来买了四栋房子出租。这时的茱莉亚已经学会了很多人一生都没有学会的技能：不要只会赚钱，要懂得用金钱为自己工作。如今茱莉亚是贝弗利山的一名证券经纪人，到底是什么让茱莉亚选择今天的职业呢？我想并不只是因为她碰巧在南加州大学拿到了一个金融学学位。

很多人都没有意识到，哪怕只有 1 美元，如果你能让它翻倍 20 次，你就会成为百万富翁。如果不相信，你可以抽出一分钟时间自己算一下。

假如说你手头只有 1 美元，然后你开始让它翻倍：

1 美元

第 1 次：× 2 = 2 美元

第 2 次：× 2 = 4 美元

第 3 次：× 2 = 8 美元

第 4 次：× 2 = 16 美元

第 5 次：× 2 = 32 美元

第 6 次：× 2 = 64 美元

第 7 次：× 2 = 128 美元

第 8 次：× 2 = 256 美元

第 9 次：× 2 = 512 美元

等到第 10 次翻倍时，最初的 1 美元就会变成 1 024 美元。

第 11 次：× 2 = 2 048 美元

第 12 次：× 2 = 4 096 美元

第 13 次：× 2 = 8 192 美元

第 14 次：× 2 = 16 384 美元

第 15 次：× 2 = 32 768 美元

第 16 次：× 2 = 65 536 美元

第 17 次：× 2 = 131 072 美元

第 18 次：× 2 = 262 144 美元

第 19 次：× 2 = 524 288 美元

等到第 20 次翻倍时，你就会得到 1 048 576 美元。

正像你看到的那样，只要能够将 1 美元翻倍 20 次，你就可以成为一名百万富翁。但还有一个问题——很少有人知道该怎么让 1 美元翻倍。

在我的高效能人士研讨班上，我让大家拿出 1 美元，然后在随后 24 小时内将其翻倍。多年以来，我只见到过一位学员真正做到了这一点。他拿出 1 美元到附近的药店看看能否买些邮票。碰巧药店的垃圾桶里刚好有些邮票，他问经理能否用 1 美元买下这些邮票。经理表示同意。然后这位学员回到自己的办公室，找到一个人用 2 美元买下了这些邮票。听起来非常简单，对吧？但很少有人能够做到这一点。

想想看，如果你现在拿出 1 美元，在接下来 48 小时之内，你能想办法把它变成两美元吗？

记住，你所拥有的资本越多，你就越容易开始自己的投资项目。所以如果能够将 1 美元翻倍，你就能将 2 美元翻倍，以此类推，最终你就可以赚到 100 万美元。千万不要跳过其中任何一步。你很可能会说："好了，我还不如干脆直接从 1 000 美元开始，那样会比较快一些。"事实上，如果用 1 000 美金开始，你反而可能不太容易赚到 100 万美元——因为你没有前面积累的经验。

早晚有一天，你会发现，除了努力赚钱之外，你还可以利用金钱来为你工作，这一天将会是具有魔力的一天。你根本不用辞去自己眼前的工作。你只要告诉自己，"我并不是一定要靠这份工作才能生存下去"就可以了。

对你来说，最大的挑战就是要成为一名真正的企业家，就要学会从为他人工作转为为自己创办的公司工作。并非每个人都能做到这一点，但我可以肯定，一旦迈出这一步，你就永远不会再想回头。

## 成为企业家的 3 个阶段

下面是成为一名企业的 3 个阶段。

### 阶段 1：认清你的天分

抽出一天时间，完全独处，根据自己的实际情况列张清单。不要去想自己是谁，也不想要自己是否漂亮，是否英俊，是否富有，是否受过高等教育，或者是否具有运动天赋等。想想自己能做什么。问问自己，如果某位朋友向一位陌生人介绍你的话，他会怎么说你？如果还是想不起来，你可以立刻跳上汽车，开到自己家门口，问问自己："这幢房子里住的是个什么人？

他有什么天分？”

- 你能说服其他人吗？
- 你善于学习外语吗？
- 你懂得如何烤制蛋糕或讲笑话吗？
- 你会唱歌或画画吗？
- 你能在压力面前保持冷静吗？
- 你能快速阅读，划船，或者是冲浪吗？
- 你能用一种很简单的方式解释一件复杂的事情吗？

所有这些都可以成为你的天赋。想想你9岁时候的情形。问问自己，你在9岁时最擅长的事情是什么？如果现在遇到你9岁时的同学，他们会记得你在9岁时最擅长的事情是什么？我可以很确定地告诉大家，我在9岁时最擅长的就是写作。我的老师总是会把我的作文当成范文。如果我早知道发掘一个人的天赋是多么重要的话，我就会成为一名记者，在空闲时间写书，而不是用了十几年时间才重新认识到自己的天分。如果是那样，我很可能会在25岁时，而不是45岁，就出版自己的第一本书。在这节省下来的20年时间里，我还可以做很多事情。

为了帮助你认真思考自己的天赋，你可以做做下面的练习（根据自己的判断，用1到10分的顺序为自己在这一领域的天分打分）。

## 生　理

**力量**。我比大多数同龄人都要强壮。如果必要，我可以一连几个小时干体力活。事实上，我感觉自己喜欢干体力活。

1　2　3　4　5　6　7　8　9　10

**精力**。我似乎总是比别人更有精力，当别人都在昏昏欲睡时，我却能保持非常活跃的状态。

1　2　3　4　5　6　7　8　9　10

**协调**。我比较擅长从事那些需要协调能力的体育运动。我可以很快就学会打垒球，而且第一次打高尔夫的时候，我感觉这项运动其实非常简单。

1 2 3 4 5 6 7 8 9 10

**双手的灵活性**。我喜欢玩小模型，我非常擅长玩牌，而且我相信自己完全可以成为一名优秀的魔术师。

1 2 3 4 5 6 7 8 9 10

**耐力**。我喜欢那些需要花费很长时间的活动。我可以一天爬山 12 个小时。打高尔夫时，我可以毫不费力地打完 36 洞。我从来不会感到累。

1 2 3 4 5 6 7 8 9 10

## 精　神

**集中力**。集中精力从来都不是问题。当我沉浸于一本好书，或者是全力解决一个难题时，我会一连好几个小时都不觉得疲劳。

1 2 3 4 5 6 7 8 9 10

**想象力**。我的大脑中总是充斥着各种狂野的想法。在学校时，我总是因为做白日梦而惹祸上身。

1 2 3 4 5 6 7 8 9 10

**持久力**。我不会因为嫌费脑子而放弃一个项目。如果有必要，我可以在考试之前挑灯夜战。

1 2 3 4 5 6 7 8 9 10

## 情　绪

**保持冷静**。我很少为什么事发愁。遇到紧急情况时，我总是能够保持冷静，作出正确的选择。

1 2 3 4 5 6 7 8 9 10

**表达自己的热情**。我热爱生活。我喜欢跟人打交道。我的内心总是有很多事情想要跟他人分享。

1 2 3 4 5 6 7 8 9 10

**表达友好之情**。只有跟最关心的人在一起时，我才会感到快乐。我可以很容易交朋友，我喜欢跟朋友们在一起，他们遇到困难时，我也会很乐意去帮助他们。

1 2 3 4 5 6 7 8 9 10

**为了完成工作而忽略别人的感受**。我是一个很友好的人，但如果一定要强迫某个人完成某项工作，我也会忽略别人的感受。我并不认为这样做有多卑鄙。事实上，我觉得这样做对大家都有好处。

1 2 3 4 5 6 7 8 9 10

## 文 艺

**写作**。如果必须跟朋友或商务伙伴沟通某件事，我更愿意坐下来写封5页的信件，而不是拿起电话跟对方直接沟通。

1 2 3 4 5 6 7 8 9 10

**口头**。如果必须跟朋友或商务伙伴沟通，我更愿意给对方打电话，而不是写信。那样太浪费时间了。

1 2 3 4 5 6 7 8 9 10

**绘画**。我喜欢绘画，而且我比大多数人都画得好。

1 2 3 4 5 6 7 8 9 10

**音乐**。我有很好的节奏感，似乎我在演奏乐器方面很有天分。

1 2 3 4 5 6 7 8 9 10

**自我表达**。我可以轻松跟人沟通。我的大多数朋友和同事都告诉我，他们可以很清楚地理解我的意思。我是一个很好的主管，喜欢对员工进行技能培训。

1 2 3 4 5 6 7 8 9 10

## 智 力

**数学**。我在数字方面很有天赋。当其他人都在为微积分头疼时，我却能很轻松地搞定这些科目，而且我根本不理解为什么会有人觉得微积分很难学。

1 2 3 4 5 6 7 8 9 10

**抽象的概念**。我喜欢玩脑力游戏，喜欢解决那些需要进行复杂思考的问题。

1 2 3 4 5 6 7 8 9 10

**语言**。我有语言天赋，英语对我来说很容易，我喜欢学习外语。我的朋友们都感觉我在谈话时使用的词汇量非常大。

1 2 3 4 5 6 7 8 9 10

### 人际交往

**群居**。我喜欢跟人打交道，人们也喜欢跟我在一起。在学校里时，我的朋友比任何人都要多。

1 2 3 4 5 6 7 8 9 10

**说服**。我很容易让人接受我的观点，就算人们不得不按照我的意见行事，他们也不会感觉紧张。

1 2 3 4 5 6 7 8 9 10

**自信**。我很擅长跟人打交道。我绝对不是一个害羞的人。在学校时，我可以轻松地敲开各种基金会的大门，也可以站在大街上招呼人们来洗车。

1 2 3 4 5 6 7 8 9 10

这些并不是一项科学分析，也根本没有什么标准答案。但你很可能会在这个过程中发现一些自己已经遗忘了的天赋，它会让你思考自己为什么没去做自己可能最擅长的事情。

## 阶段 2：激励自己

多读一些关于成功企业家的故事。我推荐你读《铁杵磨成针》和《欢迎光临》这两本书。

《铁杵磨成针》里的雷·克雷克一直卖了 17 年的纸杯，最终才发现一个可以用钱赚钱的机会。他辞去了安稳的工作，买下了一种可以在餐厅和零食店使用的搅拌器的经销权。

1954 年，一个偶然的机会，克雷克的一位朋友来到加利福尼亚圣伯纳尔迪奥市，发现当时有一种汉堡店，一次可以使用 8 个搅拌器。由于每个搅拌器有 6 根搅杆，这也就意味着这种汉堡店一次可以做出 48 杯奶昔。听到这个消息之后，克雷克立刻飞往圣伯纳尔迪奥，亲自看看到底是怎么一回事。到达目的地之后，克雷克发现当地人都在排着队在这家名叫麦当劳的小店门口，等着买 15 美分一个的汉堡包，这让他大为震撼。前来购买汉堡的客户既有流着臭汗的体力工人，也有打扮光鲜的时尚女郎。“真正吸引我的并不是她有多漂亮，”直到多年以后，克雷克在回忆这次经历时仍然兴奋不已，“而是她不顾一切，大嚼汉堡的样子。”

雷・克雷克立刻买下了麦当劳的名称使用权和生产线，并最终赚到了 5 亿美元。打开它的这本自传，你会发现上面第一句话就是高效能人士最根本的原则 ：“我总是相信，每个人都可以创造自己的幸福，也必须学会解决自己所面对的问题……无论是一个亿万富翁，还是一个每周只赚 35 美元，靠推销纸杯生活的穷小子，都是如此。”

跟雷・克雷克不同的是，《欢迎光临》的康拉德・希尔顿（Conrad Hilton，希尔顿酒店集团创始人。——译者注）从一开始就是一名企业家。他出生于阿尔伯克基南面的一个沙漠小镇，还是小孩子的时候，就拥有了自己的公司。“我帮人收割玉米，浇灌蔬菜地，还去镇上挨家推销我的产品。每卖 12 颗玉米棒就可以赚到 10 美分，收入很不错。”20 岁那年，父母遭遇破产危机，他用自己的企业家天赋帮助父母把家里的房子改造成了一家旅馆。

25 岁那年，他筹集了足够的资金，开办了自己的银行。就在他这本书的最后一章中，一件奇怪的事情发生了。他去得克萨斯州的思科市准备投资一家银行，没想到他最终在这里买下了一家旅馆。经过多年的努力，他从这家小旅馆开始，打造了庞大的希尔顿酒店帝国。他的建议是 ：“发现你的天分，要敢想，要保持诚实，要对自己的生活承担起百分之百的责任。”

还有很多种方式可以帮你找到激励自己的信息，你可以留意报纸、杂志、电视和网络上的各种消息，加入各种成功人士俱乐部，或者给你比较敬佩的人打个电话，问对方你能否有幸请他吃顿午饭，只要经常接触那些可以成为你偶像的人，你的斗志就一定会被激发起来。

## 阶段 3：开始动手

完成前两步之后，你就离成功不远了。你不一定要辞去自己的工作，或者卖掉自己的房子去创业。不妨先从小事开始。如果你打算写本小说，不妨先写几页。如果你喜欢画画，不妨先画一张放到镇上的商店里，看看是否有人有兴趣买走你的作品。给自己设个目标，让自己在 30 天之内在工作之外赚到 10 美元。10 美元听起来可能微不足道，但它却是一个好的开始。这一滴水可能会变成一股溪流，溪流可能会变成小河，小河会变成大河，大河最终在入海时会变得宛如万马奔腾。

我第一次作为一名企业家赚到 10 美元，是在亚特兰大的一次房地产行业大会上。当时我要发表一场演讲，为了提高自己的演讲水平，我用录音机把我的演讲录了下来。演讲结束之后，一位听众走上前来问我："我发现你在录你的演讲。可以卖给我一份录音带吗？"我根本不知道该收他多少钱，于是我随口跟他要了 10 美元。然后我到办公室把这盘录音带复制了一份，寄给了他。由于我的房地产投资公司名叫大厦资产公司，于是我让他把支票寄到大厦制作公司。支票来了之后，我按照这个名字给自己在银行开了个账户，把这 10 美元存到了账户里面。一定要记住，如果想要成为企业家，就千万不能把所有钱都混在一起。每家公司都必须有自己的记账系统和自己的银行账户，从赚到第一美元开始，就要分开管理。

后来又有一家本地的房地产协会邀请我去发表演讲，我随身带了几份拷贝，卖了 200 美元。突然之间，我发现了一个自己以前从来不知道的天分。没过多久，我就决定要成为一名全职演说家，在成为演说家的第一年，我就卖掉了价值 50 万美元的录音带。

就这样，我发现了高效能人士的一个秘密：如果想要大大增加自己的收入，首先你必须改变自己的工作内容。房地产行业有句话："改变用途，改变价值。”也就是说，如果你把自己的住房改造成出租房或者是商用房，它的价值就会立刻大大改变。如果你有一栋住宅楼，你把它改造成了商用楼，你的收入就会立刻大幅增加——改变用途，改变价值。如果你有一片农场，你把它改造成了购物中心，你的收入也会大幅增加——改变用途，改变价值。

人也是如此。一般来说，大多数人都是随着资历的增加和技能的提高逐渐增加收入，但如果想要一下子让收入大幅增加，就必须要改变你的工作内容。李·艾柯卡意识到了这一点，所以他从工程师变成了营销人员。雷·克雷克意识到了这一点，所以他从搅拌器经销商变成了快餐店老板。当我离开零售行业，进入房地产行业时，我发现我在一个月赚的钱比之前一年还要多。后来当我从房地产行业转到演讲业时，我发现我一天赚的钱比在房地产行业一个月赚的都多，超过了在零售行业一年的收入。改变用途，改变价值。在很多时候，我们过于习惯自己每天所做的事情，以至于根本无法改变自己。这时我们就需要打破自己给自己设下的限制，重新看待自己了。

下面我们总结一下高效能人士在对待金钱的问题上所坚持的 6 条原则：

（1）只有当我们找到自己愿意无偿去做的事情时，金钱才会自动流向我们。

（2）我们之所以能赚到钱，并不是因为我们有份工作，而是因为我们有一些别人所需要的技能。

（3）我们所任职的公司只负责为我们提供信息，我们必须自己学会培养和提高自己的技能。

（4）我们必须学会利用金钱来为我们工作，否则我们就只能一辈子为金钱工作。

（5）无论是效力于某家公司还是为自己工作，我们都需要培养一种企业家精神。这也就意味着我们要学会分析自己的天赋，激励自己，敢于立刻动手。

（6）改变用途，改变价值。可以试着换个部门，或者为自己的人生开辟新的发展方向，这可能会立刻让你的收入大幅增加。

# 定义自己的未来

SECRET NUMBER 10

Power Performers Have Learned How to Define Their Future

他本来一心想当上公司的 CEO，可最终却选择了泛舟太平洋，
他改变的原因是什么？
他投稿 26 次，用了 10 年才成为畅销书作家，
而实际上他只需要 5 年，是什么让他浪费了那么多时间？

如果你还没有经历过，那么你迟早会经历中年危机；如果你已经经历过了，你就会知道我的话是什么意思。对于那些还没有经历过中年危机的人，估计我说什么你都不会理解。

男人的中年危机通常发生在刚过 40 岁之后，女性的中年危机则大多在 35 岁以后。突然有一天，你明白一个道理：你有一天会死。这时就是你遇到中年危机了。

对于女性来说，这种感觉通常发生在 35 岁以后，因为这时她们的孩子开始去上学，结婚，或者通过其他方式离开家庭独立生活了。这时候的女性就会失去以往的“母性”身份，她们会产生一种无所适从的感觉。

男人的中年危机要稍晚一些，要到 40 岁之后。30 岁生日的时候他们可能会感觉内心有些震动，这时他们突然意识到自己的人生已经过了一半了。此前他们一直在像个孩子一样思考，突然之间，他们感觉生活已经开始了，他们不可能有那么多时间去得到所有的东西。

到了 40 岁时，他们就会发现，自己根本不可能去实现当初所有的梦想。这时他们随时都可能遭遇中年危机——说不定哪一天，他们就会意识到自己根本不可能活到永远。

## 罗杰手记

### 为什么我的丈夫没有了激情?

记得有一次我在西雅图演讲，中间一位女士走上前来问我："您能告诉我我丈夫和我之间究竟怎么了吗?我们已经结婚24年了，我想这个世界上不会有比我们更美好的婚姻了。但突然之间，一切都变了。现在他的心情时好时坏,总是喜欢一个人独处。他并不只是想要离开我，还有他的高尔夫球友，他甚至不再去打扑克了。"

我可以看出来，她怀疑自己的丈夫可能有外遇了，只是这件事过于尴尬，她不好开口罢了。她是一位非常漂亮的女士，所以我觉得可能另有原因。于是我问她："他最近是否去参加过别人的葬礼?"

"是啊，"她若有所思地说道，"他的一位朋友不久前去世了，他去参加了葬礼。他这位朋友刚42岁，看起来非常健康。他是在一天早晨去跑步的时候突然心脏病发作而去世的。那已经是一个月之前的事了。我想可能是这件事让他心烦。"

"他并不是因为失去一位朋友而伤心，"我告诉她，"没有什么比一位同龄朋友的去世更容易引发中年危机的了。这会让他意识到，他自己也不会一直活下去。给他你的爱，对他耐心一些，要理解他，很快就会过去的。"

这就好像一个人去看医生一样，他会说："直说吧，大夫。"

"我会的，"大夫说道，"按照你现在的生活方式，恐怕你活不到明天早晨。"

然后这人赶忙跑回家，把这个坏消息告诉自己的妻子。"至少我们还可以让最后一夜变得难忘，今天我们去城里最好的餐厅，吃一顿最好的大餐，跳舞跳到半夜，然后我们回来，疯狂做爱一整夜。"

"你说起来容易，"她说道，"那是因为你早晨不用早起!"

中年危机会让人们做一些平时不会做的事情。突然之间，他们早年所设定的物质目标似乎变得不再那么重要了。在此之前，很多人会拼命地在公司里往上爬，有些人整日梦想着能成为公司总裁或者部门主任，在他们看来，这是实现自己人生价值的唯一方法。一场中年危机会让他们重新思考自己的价值观念。一个本来想当公司总裁的人最终可能会选择去泛舟太平洋，到安第斯山脉 20 000 英尺的高地攀岩，或者在纳帕山谷经营一座葡萄园。

很多人只有在经过中年危机之后才会成为高效能人士。这时他们会意识到自己的生命总会有结束的一天。于是他们开始第一次意识到，人生真正重要的是生命的经历，是自己度过生命的方式。

**高效能人士知道，生命的目的并不是赚钱，或者为自己添置尽可能多的玩具。高效能人士总是能够在最短的时间里做出最多的事情。**

## 智力信念和情感信念

所有生命都有自己的周期，这是不可改变的自然法则。不同生物的生命周期大不相同，有的只能活一天，有的却能活 4 900 年。在所有的哺乳类动物中，人类的寿命是最长的，大约有 115 年，而且我相信，这个数字永远都不会改变。

你可能会说：“慢着，罗杰。事实并非如此。人类现在的寿命要比以前长得多。”

没错，的确如此。人类的寿命期待值一直在不断增长。大约 2 000 年前，人类的寿命期待值大概只有 25 年。20 世纪初期时，寿命期待值为 47 年。而到了 21 世纪初期，这一数字则增加到了 75 年。随着人类卫生条件、营养水平和疾病防控技术的提高，人类对于自己寿命的期待将会不断增加。但尽管如此，人类的寿命潜力还是没有改变，仍然是 115 年。

那么为什么我们会因为突然意识到这一点而感到震撼呢？答案在于，智力信念和情感信念是不一样的。

年轻的时候，当我们第一次听说有人去世时，我们可能会在智力上理解，人终有一死，这是每个人都无法避免的。但中年危机会让我们第一次在情感上真正体会到什么是死亡。

为了更好地理解二者之间的区别，下面我还是给你讲个故事吧。

## 罗杰手记

### 在急速漂流中体验生死

几年以前，我去怀俄明州的蛇河进行急速漂流。感觉好极了，以后我又先后前往安第斯山脉、中国台湾和新西兰玩过急速漂流。

我们请了一位当地的向导马特来给我们当教练。一般来说，专业人士会根据水流湍急程度和漂流难度来为漂流地点评级，最高是六级，当一条河的评级达到六级时，基本上是禁止漂流的，而一级则表示这条河比较平稳。蛇河的级别为五级。马特告诉我，那天的水流是他11年来见到过的最快的一次。

“在这11年里，你翻过几次船？”我问他。

“只有一次，”他说道，“我待会儿会告诉你怎么回事的。”

很快，我们来到了流水最湍急的地方，我简直不敢相信皮划艇居然还能浮在水面上。流水在一直不停地打转，皮划艇一会儿彻底沉入水中，一会儿又漂上水面，后来观看这段录像的人好几次都以为我们再也浮不上来了。后来，漂流结束之后，马特告诉我，“我唯一一次翻船的漂流，就发生在今天上午，就在你们之前。”

“马特！”我开玩笑地说道，“要是我之前知道你会这么说，我就不会漂了。”

但直到马特当天下午再次翻船，我才知道情况有多危险。

当天晚上，我们在当地的小镇上遇到了迈克尔，就是那位漂流时遭遇翻船的游客。让我感到吃惊的是，他显然对马特感到非常气愤。当时虽然已经距离翻船过去了几个小时，但我仍然可以感到他怒火未消——我相信，只有一个险些被吓死，需要通过发火来释放压力的人才会如此大发雷霆。

刚开始我并不明白他为什么如此愤怒，因为每个人都知道，急速漂流是一项危险的运动。在漂流之前，教练会告诉大家，你很可能会被抛入水中，而且很可能会被淹死。迈克尔和我之间的区别并不是我更勇敢，或者说我更理性，而是在于，我只是在智力上明白这个道理，而迈克尔则在情感上体会到了这是一种怎样的感觉。从智力的角度来说，我们都知道，一旦沉入水中，你就有可能会溺水而亡。但我的理解是肤浅的，只有迈克尔才真正明白溺水是怎么一回事，只有他体会过沉入水中，被困在皮划艇之下，肺部因为缺氧几乎要爆炸的那种感觉。中年危机也是如此。只有当一个人亲身经历过中年危机之后，他才能体会到那到底是一种怎样的感受。

## 你最喜欢做的事情是什么

跟大家谈谈我是如何度过中年危机的吧。就在我 42 岁那年，我突然意识到自己有一天会死去。在整整一年的时间里，我几乎没心思去考虑任何其他事情。

我每天都在思考生命的质量，重新思考我对成功的定义。有一天，我问自己："你觉得这个世界上最成功的高效能人士是谁呢？"我的答案可能会让你大吃一惊。我选的是电影导演史蒂文·斯皮尔伯格。他的作品有《大白鲨》《侏罗纪公园》系列、《外星人》《辛德勒名单》《夺宝奇兵》系列等。我为什么会觉得他是最成功的高效能人士呢？因为他一生都在做自己愿意无偿去做的事情，而且还因此赚到了一生享用不尽的财富。对于高效能人士来说，这才是真正的成功。

在经历中年危机的这段时间里，我经常问自己："在这个世界上，你最喜欢做的事情是什么？"答案是：我喜欢在一群人面前讲话。公共演讲是一件让我上瘾的事情。对我来说，这个世界上最快乐的事情就是站在一群聚精会神的听众面前，跟大家分享一些重要的想法，让大家开心。然后我问自己："做这个能赚到很多钱吗？"我的答案是：只要有一点儿运气，我就能赚到很多钱。于是我决定成为一名职业演说家。我辞去了一家房地产公司总裁的高薪工作，开始全力以赴踏上我的职业演说家征程。刚开始前景似乎不太明朗，但过了几个星期之后，我就知道自己所作的决定是正确的，此后我再也没有过半丝后悔。

就这样，经过 40 多年之后，我终于可以做一些自己真正喜欢做的事情，而不仅仅是为了钱而工作了。我也不知道究竟是什么原因，但自从那一刻开始，成功对我来说就非常容易了。就这样，我终于在不知不觉间把自己的天分和欲望结合起来了。一旦能做到这一点，其他一切都会按部就班地来到你面前。

想想看，你最喜欢做的事情是什么？你能靠做这个赚到很多钱吗？

首先，你不妨思考以下 3 个问题：

**1. 你在 9 岁时最擅长的事情是什么？**

还记得我在前面说过的吗？想想看，如果我去拜访你的四年级老师和你的所有同学，当我问你当初给他们留下最深刻的印象是什么时，他们会怎么说？他们会夸赞你的绘画技巧，领导才能，还是运动天分？在很多时候，一个人的天分会在他幼年的时候体现出来，但后来，随着年龄的增长，我们会逐渐为了适应同龄人的竞争而放弃自己的天分。比如说，我 9 岁时最擅长的事情是写作。每次作文课老师都会拿我的文章当范文，但在过去的 30 年里，我一直没有从事任何写作，如果不是中年危机，我可能还是会继续埋没自己的这一天分。

问问自己，9 岁那年，我是班里最好的 ________________ ？

**2. 对你来说，什么事情不是工作？**

除了工作之外，你还会愿意投入很多时间做什么？当我告诉人们我用了 4 天时间才爬上非洲的乞力马扎罗山时，他们告诉我："这听起来可是一个很难的工作！"对他们来说或许如此，但我丝毫不觉得那是工作。当我告诉人们我用 9 个月，每天花 18 小时写一本书时，他们说，"听起来要做很多工作！"是的，但对我来说，这根本不是工作！

每次想要缓解工作压力时，我就会到墨西哥的瓦亚塔港的米歇尔酒店度假。那是一幢三层的酒店，依山而建，风景宜人，远处可以眺望美丽的米司马罗亚湾（Mismaloya Bay，墨西哥的一处海湾，因 1964 年美国导演约翰·哈德逊在此拍摄《鬣蜥之夜》而一夜成名。——译者注）每个房间都有单独的阳台，可以看到很远的地方。每天早晨，我起床之后，当服务人员还在打扫房间的时候，我就会给自己倒上一杯咖啡，把笔记本电脑放到腿上，然后就开始在阳台上写作。记得有一次，酒店经理杰拉多问我："罗杰先生，能问问您是干什么的吗？"

"我是作家，也在美国各地发表演讲，为什么要问这个？"

"因为您跟其他客人都不一样，他们来这里是享受生活的，而您每天早晨都在工作。"

"杰拉多，对你来说，我可能是在工作，但对我来说，我觉得自己是在享受人生。只有当你在做一件自己不想做的事情时，你才会觉得自己是在工作。"

当弗朗西斯·齐彻斯特（Francis Chichester）成为第一个单人横渡大西洋的人时，他在足足 40 天的时间里每天工作 18 个小时，对他来说，他根本不是在工作！

你的答案是什么？对你来说，你会投入很多精力做什么，同时又不感觉自己是在工作？

**3. 如果有一次机会一定能够成功，你会选择做什么？**

如果你知道无论自己做什么都会成功，你会选择做什么？

在下面写出你的选择。如果我知道自己不可能失败，我会选择做________________。

## 如何把梦想变成现实

比如说你现在正在圣地亚哥教书，突然你想到，自己在四年级时最擅长的事情就是摄影。你的父母给了你一架小型照相机，不知道为什么，你居然对摄影有一种与生俱来的天赋。你开始不停地给老师看你最新的摄影作品，每次都能听到一阵赞叹声。

于是你觉得自己最开心的事情应该是在怀俄明州的杰克逊开一家摄影工作室。你可以在市中心租两个小房间来当门面。虽然你愿意很努力地工作，但只要一到钓鱼季节，或者当白杨树枝繁叶茂，在远处白雪盖顶的大泰顿山的映衬下闪闪发光的时候，你就会毫不犹豫地挂出牌子，宣布你要外出了。

到了冬天，你可以吃一顿漫长的午餐，前往雪王山滑雪，或者给自己放几个星期假去打驼鹿。你可以在河边买片空地，盖座美丽的乡间小屋。在你看来，这实在是度过下半生最好的方式了。很多人都会有这样的梦想，不是吗？

高效能人士知道该如何把梦想变成现实。

想想看，如果你的梦想是在杰克逊开一家摄影工作室，你该如何把这个梦想变成现实？

首先你需要把它写在一张纸上，开始随身携带。呵呵，你可能已经听过这个建议很多次了。为什么不试一下呢？一旦你做到这一点，你的潜意识就会自动启动，开始搜索所有能帮助你实现这一目标的机会。

记得有一天晚上，当时德维特还是个小孩子，我带他去吃晚饭，跟他谈起了未来。有时候父母会用些类似于这样的小游戏来吸引孩子的注意力，因为孩子们的心思总是在胡思乱想。我说："德维特，我想为你做一件事，这个世界上只有 3% 的人能够做这件事。"然后我从口袋里掏出我的梦想清单，一一念给他听。研究表明，虽然很多人都反复听说把目标随身携带的重要性，但只有 3% 的人能够做到这一点。在全美国范围内，只有 10% 的人能够告诉你自己今后 5 年之内的人生目标是什么。

这也就意味着，美国有 90% 的人根本不知道自己这辈子到底要做什么。

## 如何规划你的目标

比如说你的目标是在怀俄明州开一家摄影工作室。你知道自己应该把这个目标写下来，写在一张纸上，但究竟该怎么写呢？这也是一项艺术。

你的目标并不需要无所不包，但它的确应该有一个精确的格式。首先，它必须包含一个动词：做，拥有，成为等。它还必须有一个时间期限。“三年之后的 1 月 1 日，在怀俄明州杰克逊县开设一家摄影工作室。”这才是一个合格的目标。记住，如果没有时间期限，它就根本不能称之为目标——充其量只是个白日梦罢了。

如果是一个商业目标，它还应该包括成本预算，比如说你可以写成“三年之后的 1 月 1 日，在怀俄明州杰克逊县用不超过 5 万美元开设一家摄影工作室。”任何人只要钱包足够深，都可以开一家摄影工作室，但从商业的角度来说，你必须考虑到成本问题。

在下面写出你的目标：

我的目标是 ______________________。

时间期限是 ___________________。

成本不超过 _____________。

学会如何写目标之后，我希望你能够立刻掏出一张纸，写下你的人生目标，并将其随身携带。它的大概样子应该是：

**目标规划**

我今后 1 年的目标是：

我今后 5 年的目标是：

为此我需要掌握的技能包括：

为此我愿意放弃：

为此我本月会：

正如你所看到的，它在 5 年目标当中设定了一个 1 年目标，并且列出了你实现目标的具体条件。

抽点时间，写出你的人生目标，养成习惯，每天拿出来读读——研究表明，如果能够连续保持 21 天，它就会成为一个维持你一生的习惯。

## 如何完成你的目标规划

你可以为自己设定一个 5 年目标，但你需要首先为自己找到一些沿途的标杆，这样你才能始终保持明确的方向，并在实现目标的过程中感受到自己的进步。一定要确保你的一年计划要与 5 年计划保持一致。千万不要一方面要求自己一年之内买辆凯迪拉克，同时要求自己 5 年后在银行里存够 100 万美元。除非你能设法用这辆凯迪拉克赚到 100 万美元，否则两个目标就是相互冲突的。在这种情况下，比较正确的就是要求自己在一年之内在银行里存下 10 000 美元，15 000 美元，或者是 20 000 美元。

你的 5 年目标很可能是 1 年目标的延伸。但一定要记住，你可以为自己设定一些比较大的目标，但你本人一定要相信自己能够实现它。如果你只是为自己设定一些根本不可能实现的目标，哪怕你一想起它就非常激动，当你的右脑占主导地位时，这个目标可能看起来的确很诱人，但一旦你的左脑开始发挥作用，你就会感觉沮丧万分。

为了实现自己的目标，你所需要的技能可能包括：

- 公共演讲技能；
- 写作技能；
- 说服技能；
- 销售技能；
- 计算机技能。

你所需要的资格可能包括：

- 大学学位；
- 职业认证学历；
- 执照；
- 发表文章或者出版图书；

◆ 公民身份；
◆ 在某个城市或州居住的权利。

你愿意放弃的东西。要想衡量你对某个目标的欲望到底有多强烈，最好的方式就是看看你愿意为它放弃什么。这部分可能包括：

◆ 珍贵的休假；
◆ 保龄球俱乐部；
◆ 买辆新车；
◆ 买午餐而不是自己从家里带；
◆ 拜访朋友。

我这个月要做什么。很多事情一旦开始就是成功了一半。很多人都有过类似的经历，在开始做一件事情之前，我们总是自觉不自觉地把它无限期地推迟，但一旦开始动手，你会发现事情远远没有你想象的那么困难。

比如说写这本书，我们知道，写书是一项非常庞大的工程，要占用很多时间。虽然在电脑上写书可以节省很多时间，但即便如此，也还是要敲打 60 万次键盘。我至少用来 9 个月才完成这本书（可由于写作本身就是我最擅长的事情，所以我并不觉得辛苦）。这的确是一个很可怕的挑战。我该怎么做的呢？马上动手。我告诉自己，第二天早晨 7 点起床，冲杯咖啡，坐到电脑前面。我打开文字处理软件，新建一个文件，设定页面大小，写下书名《优势执行力》。在第 1 页上写下我的其他作品。在第 2 页上写下我想要在本书中谈到的东西，再慢慢将其改写成一本书的大纲。不知不觉间，夜幕降临的时候，我已经非常清楚这本书的架构了。第一天非常重要，它可能抵得上以后一个月的工作。无论多么艰难的工作，一旦开始，你就已经成功一半了。

比如说你可以在第一阶段给自己布置以下任务：

- 选定一门大学课程；
- 找一份兼职工作，获取相关经验；
- 买 3 本关于你所选定的主题的书；
- 联系 3 个能给你提供指导建议的人。

第二天，再拿出一张新纸，重新写下你的目标。这些可能只需要几分钟，但它所带来的结果却是惊人的。

你会发现，在最初的第一个星期，你会不断重新修改目标。刚开始对你来说非常重要的事情后来变得似乎不太那么重要了。慢慢地，你会发现，目标清单上的东西开始激发你的热情，你变得真正兴奋起来了。到了第二个星期中期，你会发现自己已经不知不觉地距离目标更近了。比如说你可能已经研究大学课程表了，在研究过程中，你清楚地发现自己需要掌握一些新的技能。你并不是在强迫自己这么做，但你的潜意识在推动你向着目标的方向前进。

## 不要设定超过 5 年的目标

一定要记住，千万不要给自己设定 5 年的目标。高效能人士知道，任何目标都可以在 5 年内实现。如果给自己设定一些长期目标，你可能反而会限制自己的发展。比如说你刚到一家公司就职，你给自己定的目标是要成为这家公司的运营副总裁。在了解更多信息之后，你感觉要实现这一目标大约需要 15 年时间，于是你给自己定的时间是 15 年。你可能的确会在这段时间内实现自己的目标，可问题是，如果你把实现这一目标的时间定为 5 年，你觉得自己有可能实现它吗？当然能！一旦把实现目标的时间延长到 5 年或以上，你就可能会限制自己的成就，而且会延长自己实现目标的时间。要对自己更自信一些，在设定目标时给自己的时间短一些——最多不能超过 5 年。

每次接触一些把成功退休作为目标的人时，我都会感觉有些难过。哈里在政府部门工作，再过 15 年就退休了。他的人生目标是在怀俄明的山里买一座小房子。那是哈里 15 年之后的人生目标。15 年！一个人可以在 15 年内改变整个世界！

换个角度想想，比如说你现在正在圣地亚哥当老师，你想要在退休之后到怀俄明州安度晚年。你觉得自己可以在怀俄明州开个摄影工作室，虽然那时可能已经 65 岁，但你仍然相信自己可以拍出很多漂亮的照片。可问题是，如果你到了怀俄明州之后，发现自己其实不喜欢那里的生活，该怎么办呢？设想一下，退休之后，你终于实现了自己的人生梦想，搬到了怀俄明州，可让你万万没有想到的是，当时正是旅游旺季，到处都是游客。你根本没有享受到自己梦寐以求的乡村景色！没过多久，游客们刚一离开，冬天就到了！漫山大雪，刚开始你感觉非常有趣，白雪皑皑，一切都漂亮极了！你以前在圣地亚哥从来没见过下雪。可很快，问题来了，你发现，一直到第二年 5 月，地上的雪都没化。你开始怀念圣地亚哥了。而且此时你甚至可以感到，山里的邻居们已经在背后偷偷嘲笑你了。这时你该怎么办？所以，千万不要为自己设定过长的目标，一切都可能会发生变化！

理查德·巴赫（Richard Bach）曾经提出一个非常富有浪漫气息的观点：任何人想要成为成功的作家，都要先写上 10 年时间。在出版《海鸥乔纳森》（*Jonathan Livingston Seagull*，美国有史以来最成功的畅销书之一。——译者注）之前，巴赫一共投稿 27 次，前 26 次都遭到了拒绝。没过多久，这本书便取得了巨大的成功，随着该书的畅销，巴赫开始反思自己的职业生涯，发现自己足足写了 10 年零 1 个月才取得成功，于是他公开宣布："如果人生能够重来，我想我可能不会等待这么久才会成功了。记得我曾经说过'要用 10 年才能成为作家'，但事实上，我完全可以把这一时间提前。"

有趣的是，理查德·巴赫后来谈到了《海鸥乔纳森》成功过程中的一件趣事。《海鸥乔纳森》刚问世时，并没有受到欢迎，因为出版商告诉公众这是一本儿童书。直到后来，出版界最优秀的经纪人，也是我的好朋友康尼·克劳森（Connie Clausen）告诉出版商，这本书其实是一本成年人的童话，"带羽毛的纪伯伦"。而巴赫并不知道这一切，他当时还在艾奥瓦州的农场里休息，大家都找不到他。一个偶然的机会，他打电话给出版商。出版商大吼道："你到底去哪儿了？你的书卖得好极了。我们一直在向你的账户里汇款，但我们就是找不到你。赶快过来！你要参加一个电视访谈节目。"

挂上电话之后，巴赫开始想象自己账户里会有多少钱。10 000，20 000，也可能是 50 000？于是他决定拨打银行的服务电话。听到答案之后，巴赫简直不敢相信自己的耳朵！出版商一共往他的账户里存了 140 万美元！如果你也在打算写书的话，为什么还不动手呢？

## 我们没能实现目标的 4 个原因

现在我们还是回到现实世界，讨论一下没有实现目标的 4 个原因吧。这 4 个原因分别是：

它们不符合实际；
它们都是假目标；
它们太模糊；
我们没有足够的动力。

下面我们逐一仔细分析一下这些因素：

1. **目标不符合实际**。很多人一辈子都在为自己设定一些不太符合实际的目标，而且从来没有实现过自己的目标。这是一个非常有趣的现象：那些设定这种目标的人往往会有一种比较负面的自我形象。他们在潜意识之中把自己看成是失败者。但他们喜欢不停地设定新的目标，一旦目标失败，他们就可以暗自告诉自己："没办法，我天生就是个失败者，我一直在不停地努力，但似乎命中注定与成功无缘。"这反过来又会进一步加强他们失败者的自我形象。比如说这种人去拜访减肥医生，他一开始就会告诉对方："我想减掉 50 磅。"医生通常会告诉他："还是实际一些吧，先定 10 磅，看看效果如何。”一位好医生总是会先为病人设定一些比较实际的目标，因为他知道，这对于病人能否实现目标至关重要。

2. **都是假目标**。你所设定的目标一定要是你真正想要实现的。高效能人士在设定目标的时候会完全忠于自己的内心，而根本不会考虑其他人会怎么看自己。比如说我儿子德维特曾经告诉我，他愿意用自己的右臂换辆保时捷。可由于我自己曾经拥有过外国赛车，所以我根本没兴趣用这玩意儿来吸引别人的注意。我女儿曾经烧坏我那辆 12 缸 Jaguar XJS 的引擎，最终不得不让人把它拖到维修店。他们给我打来电话，告诉我修好这辆车需要花上 11 000 美元。

我当时肯定停顿了很长时间，然后才回过神来 ：“你的意思是说 1 100 美元吧？”

“不，”他们回答道，“你听得没错，11 000 美元。这些铝制引擎很容易出问题。”从那天开始，我就告诉自己再也不要去买那些漂亮的进口赛车。

不幸的是，我们如今生活在一个充满诱惑的物质世界，每天电视上都有各种各样的广告在告诉我们要买什么样的东西，我们根本没机会去真正面对自己的内心。这个世界就是这么奇怪，你不会坐下来让别人为你的人生设定目标，但很多人却会让广告来告诉自己应该去买什么汽车！

3. **目标太模糊**。很多人之所以没有实现自己的目标，第三个原因就在于他们的目标太过模糊。一定要具体。比如说，如果你想要给自己买辆豪华车，一定要描述得具体一些。哪怕是说要买一辆凯迪拉克都不行。你要描述出所有的细节，比如说你可以告诉自己，“我想要一辆海军蓝的凯迪拉克，上面带有白色条纹，里面是棕色的皮座椅，脚垫是白色的羊毛织成的……”记住，你的目标越是清晰具体，你就越有可能实现它。

比如说，千万不要为自己设定一个这样的目标“开一家服装店”，这不是一个好的目标。要说得清楚一些，“我准备在两年之内开一家服装连锁店，投资不超过 50 万美元。第一家店开在世纪城大厦。我们的主要客户对象是那些收入不菲的职业女性，主要为她们提供高档商务套装、职业休闲装，以及晚宴服装。”然后开始为你的公司想个名字，开始设计你的 LOGO 和其他相关资料。你想要怎么打广告，现在就收集样本。所有这些可能都不会给你带来任何实际的效果，但它却可以帮助你更清晰地看到自己的服装连锁店。开始物色合适的生产商。开始联系商场经理。千万不要担心别人会偷走你的创意。那些有可能偷走你创意的人太忙了,他们有太多想法要去落实，根本没有时间去偷窃你的创意。也不要担心钱的问题。一旦有了一个美妙的创意，愿意投资你的人会自动找上门来。说不定制造商会资助你，也可能你所见到的商场经理知道哪些人可能会给你投资。当你能在内心真正感受到这家服装连锁店的时候，把它变成现实将会是一件非常容易的事情。

4. **我们没有足够的动力**。很多目标之所以没有实现，就是因为执行者缺乏足够的动力。要有动力，首先要有欲望，对吧？你有足够的欲望吗？你是否有足够的理由去实现自己的目标？曾经有个故事，说有个年轻人前去找苏格拉底："我怎么才能像你这么富有智慧呢？我怎么才能得到知识呢？"苏格拉底把年轻人带到海边，一把把他推进海里，然后用手按着年轻人的脑袋，不让他吸气。年轻人奋力挣扎，可当他刚一吸气，苏格拉底就再次把他按进水里，年轻人再次挣扎着浮出水面，苏格拉底再次用力……最后，当年轻人终于浮出水面，躺在沙滩上大口喘气的时候，苏格拉底走到身边告诉他："年轻人，当你像刚才拼命呼吸空气那样寻求知识的时候，你就可以得到它了。"

有一句谚语说得好，当一个人准备好当学生的时候，老师自然就出现了。高效能人士非常清楚，只有当自己实现目标的欲望足够强烈时，机会才会自动出现。你的目标一定要能够激发你的斗志，当你每天看着它，让它每天都在自己的大脑中变得渐渐清晰的时候，你距离实现目标的日子就不远了。

一定要为自己设定清晰、具体、能够激发你斗志的目标，只有这样，你才能让自己的人生向着自己预定的方向前进。

在进入下一章之前，拿出笔来，写下你在今后 1 年和 5 年内的人生目标。在接下来的 21 天里，每天抽出几分钟时间，浏览一下你的目标，告诉自己"这个目标一定会实现，我一定不会失败"，然后开始全力以赴地迎接新的一天。

SECRET NUMBER 11

# 高效利用时间

Power Performers Know
How to Enhance Their Time

一个简单的时间管理建议，
竟让世上首位年薪超过百万美元的经理人
寄给他 25 000 美元的支票，为什么？
在 10 天内横跨 5 个地方，在 5 个行业发表 6 次演讲，
他游刃有余的秘诀在哪里？

对于高效能人士，没有什么比时间更宝贵的了。他们总是能量充沛，总是想要见识更多，想要做更多。经济上的成功让他们可以不必再为物质生活担忧，但他们仍然有一种迫切的欲望，想要尽可能多地享受生活中那些美好的事物。

约翰·丹佛（John Denver）曾经在自己位于阿斯蓬山的别墅外面挂了个公告牌，上面写道："谢绝来客！"他也不想将访客拒之门外，但有太多人想要占用他的时间了，"甚至包括那些深知时间宝贵的成功人士"。所以我们在此并不是要讨论如何管理实践——每次一听到"时间管理"这个词的时候，我总是会感觉不舒服，它听起来好像是大家都在拼命地想要在有限的时间里干尽可能多的事。

所有成功人士都知道该如何管理时间，但高效能人士需要学习的是如何增加时间，如何集中全力去做那些最重要的事情，这样他们才不会感觉自己在被逼着去做更多事情。一旦不再受限于某种严格的时间管理系统，他们内心的能量就会被释放出来——这才是高效能人士所真正需要的。

高效能人士相信，只有高效利用时间，他们才能更好地享受生活。这点之所以关键，主要有 5 条原因：

**1. 高效利用时间可以让你在更短的时间里完成更多工作，这可以让你**

**有更多时间进行创造性思考和战略规划**。对那些不懂得高效利用时间的人来说，工作是一种痛苦，每天早晨来到办公室，一看到堆积如山的工作，他们就会感觉痛苦万分。遇到这种情况时，他们可能在办公室里忙上一天，但事实上却没有完成任何真正重要的工作。高效能人士可能只需要一个小时就轻松完成真正重要的事情。

有些人喜欢投入更多时间去工作，这听起来很高尚，但其实是非常愚蠢的。研究表明，每天过完 8 小时后，你的工作质量就会大大降低。而且一旦你下定决心要加班，你会暗示自己还有很长时间，一旦紧迫感消除，工作效率也会随之降低。

**2. 高效利用时间可以减少工作中的压力，让工作变得更加有趣**。每次在办公室看到那些看起来非常紧张非常沮丧的人时，我都发现他们特别不会管理时间。他们总是担心手头的事情做不完，所以他们每天都是在应付紧急事件，反而忽略了那些真正重要的事情，最终也无法取得真正的进展。

**3. 高效利用时间可以让你更好地陪伴家人，放松身心，让你的生活变得更加丰富多彩**。你可能感觉一个真正会管理时间的人总是能够在最短的时间里做最多事情，但在我看来，真正会管理时间的人是那些有时间在星期六早晨陪孩子去漂流，或者总是有时间陪伴孩子的人，他们事业成功，但却总是有时间享受自己的生活。

**4. 在工作中，懂得高效利用时间会让你的上司更加青睐你**。有一句谚语大意是“老板总是喜欢提拔那些每天愿意工作 12 小时的人”，但事实上，当一个人每天要忙上 12 个小时才能完成工作时，老板很可能会觉得他已经无法承担更多工作了。

**5. 懂得高效利用时间会让你变得更加可信**。如果你跟某个人约定星期四下午见，你一定会准时赴约。如果你说你打算给某个人发封邮件，对方就一定会收到邮件。如果你告诉某人你会处理这件事情，对方就会完全放心地把事情交给你。你的商业伙伴会非常喜欢跟你这样的人合作，你的员工很快就会发现，一旦他们答应为你完成某个项目，他们就必须按时完成，否则你就会在背后一直督促他们。

## 高效利用时间的 10 大法则

### 法则 1：一次只做一件事

首先，高效能人士知道，要想控制自己的生活，最好的办法就是把自己要做的事情分解成很多小事情，这样他们才能一次集中精力去完成一件事情。

### 罗杰手记

#### 我如何圆满完成巡回演讲

我曾经做过一次为期 10 天的巡回演讲，我从加利福尼亚的拉哈拉高地出发，先后经过奥兰多、圣安东尼奥、亨特斯威尔、纽约、亚特兰大等地。

在整个旅途中，我会在 5 个不同的行业发表六次演讲，由于是针对不同的行业，所以每次演讲之前，我都必须做大量的准备工作，去熟悉、了解我的演讲对象。演讲时间从 30 分钟到一整天不等，每次演讲之前，我的工作人员都要把很多学习资料运到现场，以备演讲之后出售。我想要说的是：如果要操心所有事情的话，我的大脑一定会爆炸。这次巡回演讲将不再会是一趟有趣的旅程，它会成为我的伤心之旅。

遇到这种情况时，我的经验是：每次只考虑当天的事情。我为整趟旅程做了精心的安排，出发之前又跟工作人员反复核实。但一旦旅程开始，我每次就只考虑当天的事情。今天我想的是如何从圣安东尼奥到达奥兰多，竭尽全力做一场最好的演讲。明天，我考虑的是怎样从奥兰多到亨特斯威尔，做一场最好的演讲。把每一天都当成最重要的一天，只考虑当天的事情，这样哪怕是再复杂的行程都会变得简单了。

你可能不太习惯一次只做一件事情。可能你会感觉只有同时做两三件事情，你才会更有成就感。想想看，下面这些情况，有多少比较符合你：

- ◆ 每次单独就餐时，我一定会读书或读报；
- ◆ 我喜欢一边看电视，一边做其他事情；
- ◆ 我喜欢一边穿鞋，一边扣皮带；
- ◆ 如果时间紧迫，我可以一边刮胡子（或者化妆），一边开车；
- ◆ 每次打扫房间时，我总是喜欢打开电视，或者听一些励志类磁带；
- ◆ 我会一边吃早餐，一边听电话；
- ◆ 我喜欢一边运动一边听广播或录音。

如果其中很多情况都符合你，那说明你是一个很难集中精力的人。我建议你抽出一段时间，练习如何一次只做一件事情。很快，你集中精力的能量将会大大提高，你所得到的回报也会大大提高。

一个高效的时间系统将会帮助你每次集中精力完成一件工作。它会帮你把所有的工作都分解成小块，这样你可以每次只集中精力思考一件事情。

## 法则 2：根据自己的工作特点使用每日规划系统

千万不要想用市面上那些流行的时间管理系统来改造你的工作方式。相信很多人都因为苦于工作缺乏条理而去买一套昂贵的时间管理系统，还可能花上很多个小时来学习如何使用它，但结果却发现它只会给你带来更多麻烦。所以一定要学会根据自己的工作特点来安排自己的时间。

## 法则 3：为工作排好先后次序

做任何事情之前，都一定要学会为自己的工作安排好先后次序，只有这样，你才能强迫自己首先完成那些真正重要的事情。一般来说，人们容易在两种事情上浪费时间：

1. **自己最喜欢的事情**。“反正都要给迈克打电话约时间打高尔夫，不如先做这件事情。”因为你喜欢跟迈克聊天，所以你感觉先做这件事情会比较舒服。于是你开始一个电话接着一个电话，然后你可能还会写几封信。就这样，很长时间过去之后，你才发现真正重要的事情还没有开始。

**2. 占用时间最少的事情**。你可能会说："看看这些邮件可能只需要一分钟，不如先做这个。"然后你会发现自己不知不觉地用了一个小时才能看完邮件。

## 经典案例

### 价值 25 000 美元的简单建议

很多人都听说过艾维·李（Ivy Lee）和伯利恒钢铁公司的故事。查尔斯·施瓦布（Charles Schwab）是这家公司的总裁，是一位真正的高效能人士——他是世界上第一位年薪超过百万美元的经理人，在 20 世纪 30 年代，这可是一笔惊人的数字。艾维·李是一位前来伯利恒公司联系业务的管理顾问。听明来意之后，施瓦布对艾维·李不屑一顾，他说自己在如何生产和销售钢铁的问题上要比艾维·李懂得多。然后施瓦布向艾维·李提出了一个足以载入商业史的经典问题。施瓦布告诉艾维·李，自己需要解决的唯一问题就是找到足够的时间，让自己可以把所有的想法都付诸实施，他承诺，如果艾维·李能够帮助自己解决这个问题，他就会给他丰厚的回报。艾维·李立刻回答道："写下你明天需要做的最重要的事情，按照重要性对这些事情排序。明天早晨，到了办公室之后，开始从 1 号任务开始，完成它之后，重新检查自己的任务清单，然后从 2 号任务开始。如果哪件任务要用一整天时间才能完成，没关系，直到做完一件才开始另一件。坚持下去，把这种做法变成自己的习惯。如果你感觉有效，把它教给你的下属。我的这个方案你可以随意试用，如果感觉确实有效，请把支票寄到我的办公室。"

他说得似乎太简单了，一般人可能根本不会重视他的建议。但查尔斯·施瓦布非常喜欢这个方法。他后来寄给了艾维·李一张 25 000 美元的支票，并把这说成是自己学过的"最重要的一课"。最终他用这套方法把伯利恒钢铁公司打造成了那个时代最成功的独立钢铁制造商。

观察家们说施瓦布给的钱太多了，但是施瓦布坚持认为这是他一生中最成功的投资。

## 法则 4：设定最后期限

只要给你自己设定一个最后期限，你就会发现自己可以在最后期限前完成很多事情。举个例子，如果你要在一个小时之内赶到机场，要到一个星期之后才回来，你就会放弃很多本来要做的工作。帕金森法则告诉我们："人总是会占用掉自己所有的时间。"所以要想利用好时间，最好的方式之一就是给自己设定一个最后期限，如果有很多邮件需要处理，你可以给自己抽出一个小时，告诉自己，如果一个小时后，邮件还没处理完，你就要把剩下的邮件推迟到明天。每次开会时，一定要规定好时间。会议开始时，告诉所有人，会议时间只有一个小时，大家必须在这个小时内解决完所有的问题，然后回到办公室继续自己的工作。

艾维·李说要坚持做完一件工作后再开始另一件工作，哪怕这件工作需要占用一整天都没关系。这点我不同意。因为如果这样的话，你最终会发现自己手头工作越积越多，最终让你无法应付。所以我建议你告诉自己："我会在午饭后抽出一个小时来处理其他事，但是我会在下午 2 点之前继续这件事情。"

一旦给自己设定最后期限，你会发现自己的效率大大提高。

## 法则 5：避免被人打断

毫无疑问，当一个人需要集中精力来处理事情时，最害怕的就是总是有人来打断自己。几乎每个来参加我的培训班的人都跟我说过："只要没有人打断我，我就可以很好地管理好自己的时间。"经理人们最大的烦恼就在于此，因为一般经理人总是喜欢下属经常来请教自己，否则他们会很没有成就感。下面我们讨论一些控制打断的技巧。

**1. 阻止别人随意走进你的办公室。**重新安排你的办公室，不让人们直接看到你。向同事敞开大门没有关系，但一旦所有人都可以走进你的办公室，你的工作效率就会大大降低。

2. **偶尔关上自己办公室的门。**每天给自己规定一段时间，让所有人知道，在这段时间里，关上办公室的门，表示你不希望被任何人打扰。

3. **当你不想被打扰时，给秘书发出这一信号。**在房地产公司担任总裁时，我的秘书知道，只要我关上了办公室的门，就表明我不希望被打扰，不会接待访客，也不想接听电话。有时虽然办公室有访客，但只要我办公室的门没关上，她也可以把电话接进我的办公室，这时我会告诉对方："对不起，我现在有客人，你看我们是很快说完，还是我待会儿打给你。"在 90% 的情况下，对方都会在 30 秒内说完他想要说的话，问题立刻得到解决。

## 法则 6：只读一次文件

一定要养成只读一次文件的习惯。一般情况下，早晨当你走进办公室之后，秘书会给你拿来一摞文件。其中包括来自客户公司的信件，对方要求你采取行动。你会说："好，我过会儿处理这件事情"，然后你把它放进"待办事项"文件夹。过了一段时间之后，你会检查"待办事项"文件夹，再读一遍信件，然后说道，"这件事情非常紧迫吗？"于是你再读一遍信件，这时你可能已经计划要采取一些积极的行动了。但在很多情况下，你会发现自己一封信件要读上三到四遍。

我有一个办法可以帮你消除这个坏习惯。每次读完一份文件之后，撕掉它的一个角。很快你就会发现，在采取行动之前，你已经把四个角都撕掉了。

千万不要这样浪费时间，设法养成习惯，只要一读完信件，就立刻作出决定。很快你就会发现，这种方法可以帮助你节约大量时间。

## 法则 7：错开午饭时间

如果情况允许，不妨在上午 11 点到 12 点，或者在下午 1 点到 2 点的时候吃午饭，这样你不仅可以得到更快的服务，而且你会发现，当所有人都去吃午饭，只有你一个人在办公室工作的那一个小时很可能是你一天中最高效的一个小时。

## 法则 8：尽量通过电话解决问题

如果想要请同一栋大楼里的某个人帮你解决问题，尽量通过电话解决。你也可以亲自前往那个人的办公室，但那样会浪费你大量时间。一般来说，当一个人接到电话时，他会立刻处理通话者交代的事情，即便你就在他面前站着，他也会让你稍等一会儿。既然如此，为什么不尽量选择打电话呢？

## 法则 9：迅速把问题想清楚

在讨论问题之前，一定要尽量搜集到全部的必要信息。我曾经在《赢在决策力》中谈到过信息的重要性，要想作出聪明的决定，你首先一定要搜集到足够的信息。如果没有做到这一点，千万不要让对方给你更多时间来把问题想清楚，你可以在现场搜集信息，然后作出决定。

## 法则 10：制订适合自己的规划系统

在过去的 15 年里，我一直在使用一套极其简单但却非常高效的规划系统。如今我甚至无法想象，如果没有这套系统，我到底该怎么工作？这套系统主要包括 3 个部分：

- 每日计划。写出你每天需要做的事情和你需要拨打的电话。
- 约定的事情。写出你当天需要见的人，以及你在特定时间答应别人要做的事情。
- 跟进表格。列出你最近一段时间正在做的事情。

# 把恐惧变成财富

SECRET NUMBER 12

Power Performers Have Learned to Turn Their Fear into Fortune

他性格内向，每次上台表演前都会生病，
是什么让他成为那个时代最有天赋的喜剧表演大师？
一个 16 岁的少年，当家里闯进满身是血的被害者时，
他不是通知近在咫尺的父亲而是报警，为什么他那么冷静？

恐惧会让我们不知所措，当你需要鼓起勇气，释放内心的能量，让自己的生活走向成功时，恐惧将成为你前进道路上的最大障碍。

跟我一起做个练习。想象一下，你身处海拔 4 000 英尺的高空，现在正站在飞机的后舱门边，舱门大开，这是你第一次跳伞。你双手紧紧抓住冰冷的舱门，鼓起勇气往下看。狂风呼啸，甚至要把你的脑袋撕裂，飞机引擎的轰鸣声震耳欲聋。往下看，你甚至可以清楚地看到下面的大楼和汽车，还有一个白色的小圆圈——教练告诉你，那就是你的降落地点。此时教练双手扶住你的肩膀，冲你大喊："跳！跳！"你清楚地感觉自己的双腿在颤抖，胃部开始收缩，嘴巴发干，你甚至无法进行呼吸了。这时你所感受到的就是恐惧，恐惧告诉你："别跳！什么都不要做！站着别动！"

如果说我们的现状和理想之间有一堵墙的话，那堵墙就是恐惧。

1958 年的时候，伍迪·艾伦就已经是一位非常成功的喜剧撰稿人了，他当时为电视台撰稿，每周收入 1 700 美元。他性格内向，最害怕站在众人面前发言，但他还是设法强迫自己去尝试一下，虽然这份工作每周只能给他带来 75 美元。每次上台表演之前，他都会生病，经常都是被舞台经理推到舞台上。虽然有些观众很不喜欢他，但所有了解喜剧的人都认为他是那个时代最有天赋的喜剧大师。"天赋一钱不值，"他回应道，"每个人都有天赋，但真正重要的是勇气，你有勇气把你与生俱来的天赋展现出来吗？”

当然，你不一定要站在 4 000 英尺的高空或成为一名即兴喜剧演员才能体会到什么是恐惧。你此刻最恐惧的事情可能是在公司的销售年会上发表演讲，给客户打个电话，或者是辞去现在的工作，自己创业开公司。

## 恐惧的 5 个层次

心理学家告诉我们，恐惧有 5 个层次，每个层次都表明了一种不同的心态。

没有恐惧：自我实现
四等恐惧：应付
三等恐惧：挣扎
二等恐惧：逃避
一等恐惧：惊恐

完全没有任何恐惧的时候，你会感觉自己是在自我实现。完全被恐惧控制时，你会感到惊恐。其他则是处于二者之间的状态。

### 没有恐惧

没有恐惧时，我们处于马斯洛所说的自我实现状态。此时我们会很开心、兴奋，充满自信，感觉我们正在按照自己的目标生活，感觉自己正在实现自己的人生价值。

### 四等恐惧

一旦遇到麻烦，我们就会进入四等恐惧状态，这时我们会应付了事。我们知道自己遇到了麻烦，而且这些麻烦还在影响我们的生活。但我们感觉虽然不太开心，但自己可以对付这些麻烦。

## 三等恐惧

这时我们感觉恐惧开始控制我们的生活。于是我们开始挣扎。我们必须设法应对，由于不停地被恐惧干扰，我们内心的压力开始增大，感觉很多事情都不太成功。我们的身体开始失去维他命 B,体内能量水平大大下降。我们感觉干什么都费劲。

## 二等恐惧

如果恐惧进一步加深，我们就会想要逃避。比如说有时候早晨起来，一想到有那么多工作需要处理，我们就会不愿意起床，我们开始钻回被窝，盖上脑袋，想着“要是能在床上躺一天该有多好啊！”严重的时候，我们甚至会因此生病。

我并不是说人不会生病，但越来越多的研究表明，很多小病其实都是二等恐惧所导致的。

我还记得我第一次真正“工作”——我是指纯粹为了薪水工作——的情景。那时我总是生病。每年都有三四次要请假去医院看病。后来当我成为一名职业演说家之后，所有这些症状就再没有出现过了。根据我们这个行业的规则，如果演讲人不露面，他们就不会支付演讲费。你能相信这个世界上的人居然会如此冷酷吗？他们不仅不会付给你演讲费，还会要求你把预付金退还给他们。不仅如此，你还要自己承担往返的机票。

所以当你早晨在酒店中醒来，发现自己在一个陌生的城市，你感觉很不舒服的时候，你就会躺在床上问自己：“我是要去演讲，赚到 5 000 美金呢？还是躺在床上，那样我会损失 5 000 美金，还有 1 000 美金的机票钱？”每次只要一想到这个，我就什么问题都没有了，会立刻兴冲冲地赶往会场。

逃避是我们大多数人在面临恐惧时都会产生的反应。当一个人遇到的压力太大时，我们通常会选择什么都不做。可事实上，越是在这个时候，我们才越需要做些什么，越是需要想尽一切办法找到答案。

## 一等恐惧

最高程度的恐惧是惊恐。当我们遇到非常痛苦或非常可怕的事情时，我们的大脑和身体就会失去控制。恐惧是一种非常原始的感受，也是一种最糟糕的恐惧，它会让我们的身体发生变化，并使得我们产生一种想要逃跑的冲动。这时我们要么立刻落荒而逃，要么会由于恐惧而不知所措——但大多数时候，我们都只有在做梦的时候才会感受到这种层次的恐惧。

当然，恐惧也有它的作用。如果没有恐惧，我们就不会在大楼失火的时候逃跑。如果没有恐惧，我们就不会避开那些漆黑的小巷。如果没有恐惧，我们就不会躲避危险。只有当我们在恐惧面前手足无措时，恐惧才会成为我们的敌人。

## 罗杰手记

### 战争年代带给我的恐惧

我在很小的时候就知道什么是恐惧了。我出生于1940年，我的家乡距离伦敦10英里，是一座名叫克罗伊顿（Croydon）的小城。我生下来第一年是二次世界大战最激烈的一年，我这一年也是在最惨烈的轰炸声中度过的。几乎每天晚上，德军轰炸机都会在城市上空盘旋，疯狂地进行轰炸。英国军队在伦敦部署了很多高射机枪，于是德军只好重点选择克罗伊顿这样的城市作为轰炸对象。每天晚上，只要轰炸一开始，我母亲就会立刻把我从摇篮里抱起来，双手紧紧抱着我，一直等到轰炸结束。我至今还记得她浑身颤抖的样子。

直到今天，我还能清楚地记得我3岁时候的情形，当时我和母亲一起正走在克罗伊顿的大街上，突然之间，一架德军轰炸机从天而降，大约就在我们头顶五六十英尺的地方开始疯狂扫射。我们立刻发疯一般躲到屋顶下面。当时德国人这么做并非出于军事目的，他们只是为了迫使英国人投降罢了。

没有亲身经历过战争的人往往会把战争想象成一件非常浪漫的

事情。对于他们来说，战争都是发生在另外一个世界的事情。士兵们挎上机枪，穿上军装，英勇地去打击敌人，战争一结束，那些活着回来的人就都成了英雄。还是让我来告诉你战争究竟是怎么一回事吧。伦敦人曾经足足经历了6年的战争。对于我们来说，战争就是当你结束一天的工作，回到家里的时候，突然发现你的家人已经全部被炸得身首异处。有时候不只是你的家人，甚至整个社区，整条街道都被炸成一片废墟。战争就是在整整6年的时间里，每天晚上睡觉的时候，你都不知道自己第二天是否还能醒来。

当你生活在这样一种环境当中时，你很容易理解什么叫恐惧。你会担心炸弹会击中你家的房子，杀死你的家人。你会担心自己的整个世界都会在几秒钟之内彻底被摧毁。这些担心会把你逼到崩溃的边缘。我并不是说你要漠视危险，不要再去感受恐惧。你不需要变得无所畏惧，但一定要防止因为恐惧而手足无措。

## 千万不要让恐惧控制你的生活

想想看，你是否经常会遇到这种情况：上司给你打来电话，约你下午1点在他的办公室里见面。你会怎么办？你是否会一个上午都在担心自己可能会遇上什么麻烦呢？很多人都会担心自己遭到训斥或者是解雇，这很正常，但你在这个过程中所遭受的真正损失是你失去了一个上午的宝贵时间——整整一个上午，你都在思考各种可能性的焦虑中度过。

你总是在设想各种可能性，这样做其实毫无意义。设想一下，如果你的上司把你叫进办公室："罗杰，我要去度假，两个星期后，我们回来谈一谈！"你难道会让自己在焦虑之中度过两个星期吗？如果你的上司告诉你他要外出一年呢？那么你会让这种焦虑毁掉你一年的生活吗？

千万不要让恐惧控制你的生活。

大多数恐惧都是想象的——完全出于想象。越南战争期间，五角大楼曾经资助过一项关于迷幻药的研究。迷幻药主要用来进行研究和治疗心理失调，但它本身是一种非常危险的药物。除了能够导致幻觉和古怪的行为之外，它还会导致心理问题和染色体损害。因为科学家们怀疑迷幻药可能会把士兵变成无所畏惧的战斗机器，所以美国军方决定选一些志愿者来进行人体试验。结果让研究者们大呼意外。只有当实验对象本人亲身经历过某种危险时，他们才会在服用迷幻药之后感到恐惧。对于那些没有经历过的事情，他们根本不会感到任何恐惧。比如说，当研究人员在实验对象服用过迷幻药之后告诉他们要仇恨谁的时候，实验对象根本没有任何反应——因为他们从来没有受到过任何来自此人的伤害。

99% 的恐惧都是来自于那些我们经历过的事物。在过去 30 年里，我每次都会在停车之后反复检查自己是否锁好了车门，但我从来没有经历过偷车事件——我之所以如此谨慎，完全是因为自己从报纸或电视上看到的那些汽车盗窃报道。你有多少恐惧是从实际经历中得来的？你觉得有多少恐惧是理所当然的？想想看，在你所担心的所有事情中，有多少恐惧和担忧是别人植入你的心理的？

我有一位朋友是一位非常善良的女士，她住在一个非常高档的社区，几乎从来没有出现过任何犯罪事件，但这位女士还是坚持每次散布时都要带着自己的德国牧羊犬。这只牧羊犬总是陪伴在她的身边，就算是度假的时候，她也会带着牧羊犬一起到海滩散步。我问她：“为什么你会感觉不安全呢？你曾经遭到过攻击吗？”

“哦，没有，”她说道，“从来没有。”

“哦，你的某位朋友曾经遭到过攻击吗？”

“没有，也没有。”

那为什么她会有这么大的恐惧呢？毫无疑问，她曾经听说过很多单身女性遭受攻击的传闻。我们的很多恐惧，虽然没有任何必要，但却是可以理解的——但前提是我们不要让它们控制住自己。

还有一点需要说明的是，我们年轻时植入自己潜意识中的很多恐惧在我们长大之后依然会影响我们。除非能够意识到这一点，否则我们会不自觉地将其传递给自己的下一代。我一直在努力避免把自己小时候遭受的恐惧感传递给我的孩子们，所以他们长大之后，个个都是初生牛犊不怕虎的样子。无论是滑雪时从山顶往下冲，还是从几千米的高空往下跳，他们似乎从来都没有犹豫过。我的儿子们还尝试过蹦极，约翰甚至还在西班牙参加过斗牛比赛。

## 直面你最大的恐惧

一直以来，我最害怕的事情就是跳伞。我发现，每当我站到飞机后舱门口，准备跳入半空的时候，我就根本不可能保持冷静。这样的感觉总是会让我想起自己童年时的经历，我感觉自己总是在不停地坠落、坠落、坠落，一直到快要撞到地面的时候才突然醒来。

我在担任加利福尼亚一家大型房地产公司总裁期间，这一恐惧发展到了极点。我们在一次星期六上午的销售大会上播放了一部电影，名字叫《打开你的降落伞》（*Pack Your Own Chute*）。这是一部很棒的电影，它的主题是所有高效能人士都懂得的一个人生法则：每个人都应当对自己的生活负起全部责任。电影主人公是伊顿·赖勒（Eden Ryle），一位四十多岁的中年女士，第一次跳伞的情形。这次跳伞之所以非常有意义，原因就在于主人公伊顿是第一次跳伞，而且降落地点是在一片大海上——而伊顿根本不会游泳。但她还是决心要战胜自己最大的恐惧，毅然决定跳伞。

看完电影之后，我做了一件非常冲动的事情。我拿起麦克风，告诉所有人："我想邀请人跟我一起去跳伞。谁敢去？"大概有 25 人立刻举手响应。于是我们决定前往加利福尼亚河边市（Riverside）附近的佩里斯机场跳伞。跳伞俱乐部会为我们举行一上午的训练，每人收费 100 元，然后下午跳伞。

很快，似乎每个人都突然想起自己"有些更重要的事情要做"。似乎大家突然之间都有朋友来看望自己。最后只有 8 个人来到了机场，其中包括我的两个孩子，当时朱利亚只有 17 岁，德维特是 16 岁。就连 11 岁的约翰也想去，但他们说他太年轻了。

按照事先的预定，如果我中途退出，我就需要支付所有人的跳伞费用。这样我就需要多付 500 美元。而另一方面，如果其他人中途退出，而我坚持了下来，他们就会支付我的培训费用。除了金钱上的考虑之外，我还要承受很大的心理压力。作为他们的领导者，我不可能在关键时刻退缩。坦白说，如果不是考虑到这些因素，我可能这辈子都不会有勇气尝试跳伞。

一上午的训练开始了，其中包括从一架飞机模型上进行跳伞模拟实验，以及如何使用备用降落伞等，上午结束的时候，我们基本上已经学会了如何处理跳伞过程中的紧急情况。

在整个过程中，我学到的最重要的经验之一就是如何克服自己的恐惧心理。一旦学会了如何应对自己最恐惧的事情，我就对它不再那么恐惧了——我相信，在从事商业活动时也是如此。虽然读书或看电影也可以教给人们一些知识，但要想真正克服恐惧，还是应该在现实的场景中去学习和体会。

教练告诉我们，他刚开始跳伞时，落地时间为 6 分 6 秒，现在他只要 5 分 8 秒就可以落地，我紧张地问他："要是两个降落伞都出问题了，要用多长时间才能落地呢？"

他微笑着回答道："你的余生！"

他告诉我们，如果两个降落伞都打不开，我们就要把双手交叉，背在脑后，双肘打开。然后他一边让我们站起来跟着他做这个姿势，一边说道："好极了！这样我们把你从地里挖出来的时候就容易多了！"

不管接受了多少培训，在实际跳伞之前，我还是心惊胆战。我甚至开始祈祷飞机无法起飞，或者中途失事，这样我就可以死得非常光荣，而不是让教练把我从土里挖出来。

每次从地面看到人们跳伞时，你总是看到他们从空中飘然降落，但从飞机上往下看却完全是另外一回事。你只能感受到两个降落伞的重量，你告诉自己："一旦跳出机舱，一切就只能听天由命了。"但没办法，所有人都在旁边站着，我别无选择，只能走到机舱门口，闭上眼睛，跳！

大事不好。在下落的过程中，我感觉自己像是被卷进了龙卷风的中心，一时之间，强风在以每小时 80 英里的速度在我周围旋转，我手忙脚乱地打开降落伞，直到这时，我才明白一个道理：不管我们接受了多少训练，如果不打开降落伞，我们还是会直直地冲向地面，把自己摔成一块饼干。在跳伞过程中，我们根本不可能保持上午训练时所要求的清醒和理性，一上午的训练白费了！

教练详细地告诉我们该如何操纵降落伞，让自己下落到指定的区域，但我们全部都降落到了一英里开外的地方，最后俱乐部不得不派辆汽车来接我们。但不管怎么说，我们成功了！

直到多年以后，我的小儿子约翰告诉我："爸爸，跳伞看起来很有趣，等我长大了，你能带我去吗？"

"到时候再说吧，孩子。"我心想他最好能忘了这事。可谁知道很多年以后，有一天，约翰从旧金山的曼隆学院给我打来电话。

"爸爸，"他说道，"祝我好运吧！我刚刚完成了训练，现在要做第一次跳伞了，大概再过半个小时飞机就要起飞了。"

坦白说，我的心整整一个下午都在紧绷着。但我非常清楚，这对他是一次非常宝贵的经历。一般来说，小孩子天生最害怕两件事情，一个是下落，一个是分贝很高的噪音。所有其他恐惧都是后天养成的。现在约翰就在学习征服自己天生的恐惧之一。后来当他打来电话，告诉我他第一次跳伞成功的消息之后，我不由得松了一口气，同时为他感到万分自豪。

他第三次跳伞时出了点问题，遇到强风，在落地的时候被拖出了很远。但他还是要不断尝试，直到后来，他成功地在曼隆学院组织了一个跳伞俱乐部。

## 罗杰手记

### 勇敢的约翰

你可能会觉得我们应该让孩子学会害怕坏人，告诉他们陌生人很可能会对我们构成威胁。我不同意这一点。我曾经游遍世界各地，接触过各种各样的人，有时甚至会让自己深陷险境，比如说我有一次在秘鲁首都利马时就曾经遭到恐怖分子用火箭筒发动的袭击，此外我还在墨西哥被人偷走了钱包，在伊斯坦布尔遭到走私分子的威胁，我把所有这些事情都告诉了我的孩子们。

记得有一天晚上，我在办公室加班，忙着准备一场巡回演讲。当我回到家里的时候，16 岁的约翰告诉我："爸爸，你一定不会相信今天家里发生了什么事情。就在刚才，我听到一阵忙乱的脚步声，然后听到有人在用力敲门，我打开门，只见一个人冲我大声喊道，'有人要杀我，他们就在后面，他们还会杀你。'他浑身是血，脖子上还勒着绳子，好像刚刚有人要勒死他似的。"

这时我已经非常紧张了，我问约翰："你怎么处理的？"我努力让自己保持冷静。

"哦，我让他进来，然后开始给警察打电话。就在我打电话的时候，他倒在地上，地上全是血。"我往他身后看了看，家里非常干净。"哦，警察帮忙打扫干净了！"他告诉我，"我可以证明给你看，警察来的时候，我用录像机把这一切都录了下来。"没错，他的确录了。有趣的是，我的办公室离家只有 10 分钟路程，他完全可以给我打电话，但他觉得根本没必要那么做。这个 16 岁的年轻人从来没想到害怕，而在一般人看来，遇到这种情况时，任何一个成年人都会在打开门之前先找把枪的。

## 如何克服你的恐惧

问题是：遇到特别害怕的事情时，我们该如何应对自己的恐惧？最好的办法就是直面自己的恐惧。

我曾经非常害怕黑夜，为了克服这种恐惧，我选择去山里露营。习惯了都市生活之后，我发现到大山里生活是一种非常奇怪的事情，我看着太阳落山，心里非常清楚，晚上这里将是一片漆黑，没有电，没有电视，也没有电灯，没有任何办法可以突破眼前无边无际的黑暗。想想看，如果你平时都是晚上 10 点或 11 点睡觉，但有一天你发现自己必须在 7 点或 8 点就上床，你会有何感受？对于我来说，这是一次学习的经历，在经过那个夜晚之后，我对黑暗的恐惧彻底消失了。

我另外一件最害怕的事情是孤独。你可能根本不能理解这种心情，因为大多数人都没有过长时间独自生活的经历。每次只要一想到这件事，我就会不寒而栗。于是我决定前往加州我最喜欢的地方，矿金山。还记得我曾在前言里说过吗？我在那里呆了 48 个小时,完全一个人。在 48 个小时里，我没有见到任何一个人。没有报纸，没有收音机，没有电话，没有任何通讯工具。这段经历不仅让我对生活有一种新的视角，而且还让我对自己的未来有了不同的看法。当一个人在旷野里独处一段时间之后，你会对自己，以及自己与这个世界的关系，有很多新的认识。

在以后的许多年里，我不断强迫自己去面对恐惧，为此我甚至买了一张环球旅行机票，在没有作任何计划，没有预定任何酒店的情况下做了一次环球旅行。我曾经在中非扎伊尔的丛林里跟 500 磅的山地黑猩猩面对面，即便当对方咆哮着向我冲来的时候，我也努力让自己保持冷静。此外我还有了一次蹦极和在火炭上行走的经历。

## 克服恐惧后，你会发生哪些变化

你最害怕什么？不管是什么，立刻动手，去面对它。一旦克服你最大的恐惧，你就会更加自信地面对未来的任何挑战。跳伞的经历对我来说之所以重要，原因就在于此。自从那次跳伞之后，我就没有任何恐惧了。每次我发现自己感到焦虑时，我都会告诉自己：“这难道比跳伞还可怕吗？”只要一想到当时在机舱后门战栗的情景，我就觉得再没有什么更可怕的了。什么事情也阻挡不了我。每次遇到头疼的麻烦，我就会告诉自己：“既然我能从 4 000 英尺的高空跳下，我就能对付这件事情。”你会发现，一旦你敢于面对那些让自己感到害怕的事情，你就向着成为高效能人士的方向迈进了一大步。

你最害怕的东西是什么？很多人害怕公开演讲。我每次演讲都要面对成百上千，甚至成千上万的人，每次演讲之后，都会有人走上前来问我："你是怎么做到的？你怎么会如此勇敢？每次我当众演讲的时候，我都吓得要死！"

是的，我以前也是如此，但我想办法克服了自己的这种恐惧。我参加了当地的演讲俱乐部，每次上课之前我都精心准备。刚开始时，我只能进行一对一的沟通，后来是 10 个人，12 个人，15 个人，直到很多年之后，我才彻底清除自己对于公共演讲的恐惧。

戴尔·卡内基发现，克服公共演讲恐惧症是一件非常有趣的事情。他设计开发了著名的戴尔卡内基课程，帮助人们通过公共演讲来培养自己的自信心。卡内基相信，当一个人在众人面前出过洋相之后，他就不会再害怕进行一对一的交流。所以如果公共演讲是你最恐惧的事情，不妨直接面对它，克服它，这样你以后在应对生活中的其他问题时就会变得更加自信，更加应付自如。

你害怕遭到拒绝吗？这种心理非常普遍。我想这种恐惧会影响我们生活的各个方面。由于害怕遭到拒绝，我们可能永远没有勇气去约会那个我们真正倾慕的人，甚至会因此错过了一生的挚爱。

如果你有这种恐惧，我可以告诉你一个非常简单的办法。现在就拿起电话，随便拨通 6 个号码，告诉对方："我是百科全书出版公司，请问您有几分钟时间吗？"如果对方立刻挂上电话，你就再次拨打，一共打 6 次。千万不要超过 6 次，因为很可能当你拨到第 7 或第 8 次的时候，对方会告诉你："可以，能介绍一下你的业务吗？一套百科全书多少钱？"这时你会发现自己不得不主动挂上电话。

我在我的录音带《优势执行力》当中谈到了这项练习，结果俄亥俄州一位年轻的听众给我写了一封信。他说道："我今天尝试了这项练习，效果好极了。简直太有趣了。真的有人相信我是名推销员，他们甚至会礼貌地向我表示拒绝。太棒了！"

然后他接着说道："我最害怕的事情之一就是跟女孩子约会。但我现在越来越胆大了。我现在每个星期都能邀请一位女孩子一起出去，已经三个星期了。”

之所以建议你直面并克服自己的恐惧，还有一个原因。现实疗法（Reality Therapy）之父威廉姆·格拉瑟（William Glasser）曾经说过，恐惧的心理甚至比真实的经历还要可怕。一旦你能面对并克服恐惧，这次经历就会在你的神经系统留下深刻的痕迹，以后每次遇到困难时，你都会想到这次经历。所以你的目标并不是去克服生活中所有的恐惧，而是设法让自己学会不再去臆想一些不存在的后果。学会面对你的恐惧，并克服它们。

一旦做到这点，你就可以放心享受自己的人生了。作为一位高效能人士，你会发现自己的未来充满无限可能，你现在所需要的，就是鼓起勇气去迎接它。

# 用全部激情去热爱自己的生活

SECRET NUMBER 13

Power Performers Have Learned to Put Love in Their Life

铜矿工人们为了加薪而罢工两年，
迫使管理层永远关闭了这座铜矿，
工人们实际上并没有赢，为什么？
他将房地产公司总裁的职位授予他人，
只专心做演讲，是什么让他作出这样的选择？

爱是一种非常不可思议的东西，你很难定义什么是爱，但它的力量却强大到足以主宰我们的存在。高效能人士会用全部激情去热爱自己的生活，就像安东尼爱克莉奥佩特拉，爱德华国王爱沃利斯·辛普森一样。

## 做你爱做的事情，金钱自然会上门

举个例子吧，鲍尔斯·贝克（Boris Becker）在这个世界上有一件事可以做得比所有其他人都更好。说起来似乎是一件微不足道的小事。只要一站到草地网球场地上，他就可以比别人更加精确地，而且以更快的速度击中网球。他只会这一点，在温布尔登参加网球公开赛时也是如此，他只有这一点特长，但他把这点特长发挥得淋漓尽致。想想看，如果鲍尔斯在 10 岁的时候就下定决心，“我要在 20 岁时成为百万富翁，要靠打网球成名得利。那样我就会变得富有，人们就会羡慕我，我就会过上快乐的生活。”大多数人就是这样为自己设定目标的，对吧？可事实上，拥有物质财富，让人们羡慕自己，这并不是真正让你快乐的原因。如果你变得足够成熟，到了已经不再需要人们崇拜你的地步，难道不是更好吗？由此可见，很多人设定目标时的出发点就是错误的。正确的方式应该是：找到你喜欢做，你感觉自己有天赋，而且愿意学，会比其他人做得更好的事情，然后爱与幸福自然会尾随而至。

所有超级成功人士都非常喜欢自己的事业。我的朋友韦恩·戴尔（Wayne Dyer）的书在全世界范围内卖掉了5 000万册。他告诉我："罗杰，我只是在做我喜欢做的事情罢了。"

有人说弗兰克·辛纳屈和博比·达林之间的区别就在于此。在上个世纪50年代末、60年代初的时候，两个人之间开始爆发了激烈的竞争。达林决心一定要比辛纳屈做得更成功，如果弗兰克在拉斯维加斯开演唱会，达林就会在隔壁也开场演唱会，看自己能否吸引到更多的歌迷。他是一流的歌手，事业取得了巨大的成功，但如果你曾经亲眼看到两个人的表演，你就会发现，二者之间还是有一些细微的差别的。鲍比·达林是在追求成功，而弗兰克·辛纳屈是在做自己喜欢的事情。

再比如说约翰尼·卡尔森（Johnny Carson），他住在马力布大道一座价值900万美元的豪宅里，每周四天开车去主持节目，这份工作他整整做了28年。他承认，自己在其他领域做得并没有当主持成功。比如说他曾经离过三次婚，"如果我在家庭生活中能像我在主持节目时投入一样多的精力，我的婚姻就不会有任何问题了"。虽然他每年都能赚到成千上万美元，而且如果他把事业延伸到其他领域，可能还会取得更大的成就，但做主持显然是他最喜欢的事情。

## 经典案例

### 把工作当成享受的老板

我们经常会碰到这样的老板，他们把经营餐厅看成是一种人生的享受。约翰·帕帕达克斯曾经在南加州大学当过橄榄球队队长，他非常渴望能拥有一家自己的公司。帕帕达克斯·塔弗纳餐厅开始营业之后，他每天晚上都会到餐厅欢迎客人，在各个餐桌之间走动，向他们表示欢迎。他和弟弟有时也会即兴为客人们表演一段希腊舞蹈，用酒杯在身上表演杂技。虽然我一年只去一次那里，但他们还是能清楚地记得我的名字。

还有一个例子是拉斯维加斯国家大道的吉安尼·卢梭餐厅。不幸的是，由于投资人撤出，这家餐厅已经停业了。餐厅运营时，吉安尼总是在餐厅里四处走动，随时准备提供帮助，并且经常会给来到餐厅的女士们送上一朵玫瑰花。他是一个非常英俊的家伙，很多人都会觉得他非常眼熟。一旦发现你在好奇地看着他，他就会走过来告诉你："我曾经在《教父》里面扮演过角色，就是那个殴打桑尼（Sonny）的妹妹的家伙。"他一边说着，一边会露出害羞的微笑。他在好莱坞有一份非常成功的事业，但他还是决定再经营一家自己的餐厅。各种各样的表演者们已经厌倦了在赌场里吃饭了，所以国家大道就成了他们最喜欢去的地方。你很可能会在那里看到弗兰克·辛纳屈或托尼·本奈特（Tony Bennett）在享受着最精美的意大利食物，而吉安尼的餐厅曾经一度是这里最受欢迎的餐厅。

## 经典案例

### 为钱而工作是一件令人沮丧的事情

当一个人只是为了钱而工作的时候，他就会感觉非常沮丧。他每天都在煎熬中度日，对于他们来说，加薪是自己努力工作的唯一动力，也是跟可鄙的老板斗争的唯一目的。

犹他州曾经有一家小铜矿。这家小矿是它所在小镇上唯一的一家公司，其他所有一切商业活动都要依赖于这家小矿运作，无论是餐厅还是商店，它们所有的客户就是矿上的工人。

有一天，当地环保协会提出小矿存在安全隐患，坚决要求矿主在矿井里安置一些昂贵的反污染设备，同时工人们也开始逼迫老板给自己加薪。管理层指出，如果一定要加薪，公司就会因为赔钱而被迫关闭，最终工人们就会失去工作。可工会对此毫不理会，他们坚持要求公司加薪。最终工会作出让步，同意给工人增加一部分薪水，但并没有工人们要求的多。工人们表示不接受这一安排，继续坚持罢工。由于铜矿是镇上唯一的一家雇佣机构，所以铜矿一旦停产，整个小镇几乎全部陷入了停滞状态。罢工一连持续了两年。每次管理层提出增加一部分薪水的时候，工人们总是会说不够。管理层最终表示，如果不能尽快复工，他们就将永远关闭这座铜矿。工人们对此表示不信。

无奈之下，管理层只好关闭了铜矿——他们并不愿意这么做，因为这样就意味着他们不得不放弃整座小镇。很快，所有的人都被迫离开这座小镇，因为这里已经没有任何工作机会了。铜矿的管理者们对工人们表示同情，决定为每个工人提供 3 000 美元的转置金，你猜猜工人们是怎么回答的？“不够！这些不够！”对于高效能人士来说，这种心态是很难理解的。

## 集中精力做你最擅长的事情

要想成为一位高效能人士，最大的秘诀就是，从现在开始，集中精力做你能比世界上所有人都能做得更好的事情。只要能做到这一点，你就会发现成功和幸福就会主动找上门来。我曾经在一家连锁商店辛苦打拼了 13 年，希望能够升到更高的位置，可最终却没能取得大的成就。后来当我辞去这份工作，选择到房地产业的时候，我的主要兴趣已经是寻找投资机会，而不再是爬到更高的位置上了，可让我感到不可思议的是，就在我已经对升职失去兴趣的时候，升职的机会开始不断找到我，直到最终我成为了这家公司的总裁。

在演讲行业也是如此。在这个行业，我所作过的最聪明的决定就是专心做好每一次演讲。刚开始成立这家公司时，我什么事情都要自己做，虽然我当时已经是一家房地产公司拿着高薪的总裁了，但我还是不停地在全国各地发表演讲，然后又急匆匆地赶回公司上班。后来我的上司告诉我：“罗杰，你在演讲的时候，总是会告诉人们要把时间用来做最有价值的事情。

你难道没有意识到吗，对你来说，最好的利用时间的方式就是专心做演讲？既然如此，为什么不放弃一下呢，我来管理这家公司，你专心致志做演讲，争取成为全美国最成功的演说家之一。”这是我得到过的最好的建议。对于我来说，演讲是我最喜欢做的事情，赚钱反倒成为了次要的事情，在这种思想的指导下，请我演讲的人越来越多，以至于到最后我不得不主动放弃一些机会了。

有时候人生就像是约会，你会发现，你越是不那么想尽办法让别人喜欢你，你就越容易吸引到对方的注意。反过来说，你越是努力尝试，情况反而可能会变得越糟糕。

## 深入了解什么是爱

如果我们想要热爱生活，我们就应该更加仔细地了解什么是爱，什么不是爱。如果你曾经研究过其他语言，你会发现，“爱”是一个非常笼统的字眼。我们会用爱来描述各种各样的情感。

希腊语在这方面就比英语好一些。他们用两个字眼来描述“爱”的意思。第一个是 eros，它表示的是男人和女人之间的那种情感，其中会带有一些自私的含义。你可能会 eros 你的女朋友，但一旦发现她跟其他人一起外出，你的 eros 很快就会变成恨。Eros 的反义词并不是仇恨，而是漠然。只要双方能够进行交往，哪怕是相互仇恨，双方之间就还是有感情的。但一旦关系结束，双方就会表现得非常漠然，“我根本不关心你做什么，请便。”

希腊语中另外一个表示爱的词是 argope，它表示的是一种无私的爱，比如说父母对孩子的爱。我爱我的孩子，但如果他们中的某一个给我打来电话，说他有个约会，不能过来看望我了，我也不会生气——对于我来说，最重要的是他能开心。要想成为一位高效能人士，你一定要让自己的内心充满 argope，或者说无私的爱。

## 生活不一定爱你，但你一定要爱生活

虽然你热爱生活，但生活却不一定热爱你，对吧！有时候你会感觉，生活好像是在刻意与你作对，它甚至会往你的伤口里撒盐，即便遇到这种情况，也不会感到沮丧。我们来作个测试：你是否享受被生活折磨的感觉？你是否会把它看成是生活中非常重要的经历，或者你是否会因此对生活失去信心？或者你是否会对生活说："哦，既然你不喜欢我，那我也不喜欢你了。"

高效能人士懂得如何爱，无论生活如何对待自己，他们总是会微笑面对生活中的各种经历——无论是开心的还是不开心的。如果生活出现变化，情况变得糟糕，他们也会坦然面对，仔细品味生活中的每一丝酸甜苦辣。

几年之前，我在两个月的时间里损失了 200 万美元——几乎是我当时全部的积蓄。虽然我完全可以申请破产，而且那样会让我的生活更加轻松，但我还是决定不去申请破产。在相当长一段时间里，我甚至维持自己的生活都很难。而且更糟糕的是，这完全是我自己的错。如果你也有过类似的经历，相信你就会明白我当时的感受了。

如果你没有过类似的经历，我可以给你描述一下。还记得那部叫《叛舰喋血记》(*Mutiny on the Bounty*) 的老电影吗？我是说查尔斯·劳顿 (Charles Laughton，1899 — 1962 年) 扮演的那位残暴的讲求完美主义的船长布利。一旦水手犯错，他们就会用一种叫"钻船舱"的方式惩罚水手。具体来说，他们会用两根绳子裹在"犯人"的腰上，其中一个根拴在一边的船舱上，另外一根拴在另一边的船舱上，然后他们会把"犯人"放到水里，拉着"犯人"在船底下从一边到另一边。这种方式并不会杀死"犯人"，但看起来也差不多了。

我在经历那场经济危机的时候感觉就像是在钻船舱。我当时感觉自己一定完蛋了。虽然没有想过自杀，但我真的很希望自己能突然心脏病发作，这样我就可以体面地前往另一个世界。我感觉痛苦的日子似乎永无尽头，每次感觉无法忍受的时候，我都希望能够立刻到达另一个世界——那个更加光明，更加多彩的世界。

但回过头来想一想，我感觉那是我一生中最宝贵的经历之一。当然，我不会希望自己再有一次这样的经历，但我的确觉得那是一次非常有趣的历险，就好像赛车手侥幸逃脱了车祸，或者是一位猎手碰巧从北极熊手中逃生一样。所以对于高效能人士来说，只有真正无条件地热爱生活，你才能真正地享受生活。

## 热爱生活带给自己的一切

几年前曾经有部电影叫《外星恋》( *Starman* )。其中杰夫・布里吉斯 ( Jeff Bridges ) 在里面扮演一个来自外星球，到地球上做科学研究的科学家。

虽然听起来好像扯得有些远了，但我还是想在这里跟大家介绍一下我的一位曾经认真研究过这一课题的朋友。他坚持认为太阳系之外一定有生物曾经来过地球，并且观察过我们——只是经过观察之后，他们决定不登陆地球。他相信宇宙中一定有成千上万个星球上是拥有生命的——从概率学的角度来说，我觉得这是有道理的。大家知道，我们所在的银行系有 1 000 亿颗星星，而天文学家们相信，宇宙中至少还有另外 100 亿个银河系。把两个数字相乘，你会发现，地球绝对不是宇宙中唯一存在生命的星球。

在我办公室的墙上，有一幅油画，内容就是我们生活的宇宙。左边是太阳，一个巨大的火球，然后是依次展开的九大行星。在太阳和水星之间，是一个小小的蓝色星球，那就是我们的地球。在地球旁边，我放了一个箭头，上面写道，“你在这里”。这样我就可以更好地看清自己的位置。

我那位朋友坚持认为，外星人一定光顾过地球，但他们后来觉得地球上人与人之间的关系太幼稚了——我们居然没有一个统一的政府来代表全人类的利益——所以他们决定离开。

还有人认为，外星人之所以没有访问地球，是因为他们发现，地球人的寿命太短了。如果说他们的寿命是 100 万年，地球人则最多只有 115 年，所以对于他们来说，地球人只不过是眨眼之间就消失的生命，他们根本不愿意跟我们建立联系。

还是说那部电影吧。《外星恋》的男主角并不是人类，但他使用基因技术，从女主角的影集中找到了一根头发，然后使用这根头发中的细胞把自己克隆成了地球人。布里奇斯在扮演这个角色的时候表现棒极了，他完全是在用一种外星人的视角来看自己身边的一切，无论看到任何东西，他都不会作出判断。比如说当他看到一位猎人把打死的鹿绑在自己卡车后面时，他就不理解人类为何要这样做。于是他用自己的超能力把小鹿起死回生。他对地球上的一切都感到好奇。在他看来，一切都是那么有趣，那么不可思议。他对任何事情都没有好恶之分，而这正是一位高效能人士所应该采取的态度。

我们每个人都可以做到在接收新信息时不去妄下判断，比如说：

◆ “那个人在餐厅独自就餐。”这是在描述一个事实；
“他一定非常孤单。”这就是一个判断了。
◆ “我的儿子答应要修整草坪，但他并没有兑现自己的承诺。”这是在描述一个事实；
“他一定是个懒孩子。”这是一个判断。
◆ “他很少笑。”这是在描述一个事实。
“他一定不开心。”这就是一个判断了。

不妨仔细留意一下，你很快就会发现，自己一天当中会作出无数判断。要想改变这个习惯并不容易，但高效能人士知道，要想从生活中获得最大的收获，就必须学会改掉这个坏习惯。

在印度的大街上，我曾经看到过人们把刚出生的小孩子双手绑在一起，这样等他们长大之后就可以成为更好的乞丐。很多人在听说这件事的时候都会大吃一惊，甚至有人会觉得恶心，但我觉得最好还是抱着一种好奇的心态去了解一下，究竟为什么会发生这样的事情？那些父母们对此会有何感受?

二次大战结束的时候，数百万日本人想过要杀死自己的孩子，然后自杀，他们宁死也不愿意面对战败的耻辱。温斯顿·丘吉尔曾经说过，把原子弹投向广岛和长崎的决定至少拯救了500万人的生命。如今只要一去广岛，看到和平公园里的那些雕像，你就会感觉非常难受。但在我看来，如果想要有更多的收获，还是要保持一种“观察，思考，寻找答案”的心态。记得有一次，我在广岛发表演讲，一位嘉宾在签到簿上写道：“上帝保佑那些誓死保卫广岛的英雄们。”由此可见，他们看待这些问题的角度跟我们完全不同。

在伦敦的西斯罗机场，我曾经亲眼看到警察抓走了一位试图将炸弹带上飞机的恐怖分子。根据警方发表的公告，如果炸弹爆炸，他和机上乘客很可能会全部遇难。这时我们很容易受到惊吓，甚至大多数人都会因此取消自己的度假计划，但我觉得，倒不如把这件事情看成是一次有趣的经历，仔细想一想：“究竟为什么会发生这种事情呢?”当然，我们会想尽一切办法来阻止这样的事情发生，我并不是说要以此为荣，我只是告诉大家千万不要让类似这样的经历影响我们的生活。

所以说，高效能人士对生活的爱是一种无条件的爱，无论发生什么事情，他都会热爱生活所带给自己的一切，哪怕是那些不愉快的经历。

## 对生活的热爱不能是有选择的

高效能人士遵守的另外一条法则就是，对生活的热爱不能是有选择的。你不能说自己在某个人头发立起来的时候喜欢她，否则就不喜欢。也不能说你在某个人打高尔夫的时候喜欢他，在打网球的时候就不喜欢。你要么喜欢一个人，要么不喜欢。如果你的爱是有选择性的，那么这种感情就不能称之为真正的爱。

当我说我爱这个国家的时候，我会爱它的全部，而不只是一部分。无论是圣诞之夜的第五大道，空气清冽，行人如织，一派欢乐景象，还是平日里繁忙的中央车站，水手们躺在长椅上，等待回家的火车，无论是圣诞节的阿斯彭，富人们在晴日的午后从山顶疾冲直下，像飞机在半空盘旋的情景，还是8月夏日里尘土飞扬的阿马里洛，在我心中，都是最美的景色。

1960年我第一次来到这个国家时，我很容易对一切充满好奇。一切都是新的，都是那么令人着迷。可高效能人士无论在一个地方呆了多长时间都会保持这种好奇心，不管他们对这个地方已经有多熟悉了。

杰克·尼克劳斯（Jack Nicklaus）每次看到那颗白色的小球飞向空中的时候都会满心激动，他想象着小球在空中一边不断积累能量，一边继续上升的样子，直到它静静地落到绿色的草地上。

查克·耶格尔每次在以300英里/小时的速度起飞，或者是穿破云层的时候都会激动不已，不管他已经做了多少次，他始终会对这一切保持一颗好奇之心。

只有当你找到自己真正喜欢的事情，当你甚至愿意放弃一切去达到自己的某一个目标时，你才会产生这样的感受。

**每一天都要去让自己的生活充满爱，去做那些让自己真正感到兴奋的事情，想办法通过做这件事赚钱，然后想尽一切办法成为在这件事情上最优秀的人。**

附录

# 高效能人士的 7 个特点

亲爱的读者，我们已经走过了一段很长的路，不是吗？有时我可能会挑战某些读者的信念，在此我向大家表示道歉。有时候可能你会对我的说教感到无聊，有时可能会因为我跑题而感觉不知所云，你根本怎么也想不通我会提到一些看似毫不相干的事情——相信我，我所讲的一切都是有目的的。好了，现在要毕业了！很快，你就要准备成为一名高效能人士了！

在这个过程中，我要求大家始终保持开放的心态，根据自己的实际经历来验证我的说法。这样你内心可能早已积累了很多疑惑，但不管怎么说，我希望至少在一件事情上你不要有任何疑惑。高效能人士不会仅仅为了物质回报而去做某件事情。比如说我写这本书就不仅仅是为了赚稿费。虽然这本书的确可能会让我名利双收，但我真正关心的，是跟大家分享我在本书中所提到的理念，是希望我在本书中所谈到的能够帮助大家更好地享受自己的人生。我真的很在乎你，亲爱的读者，我很想知道你的想法和感受，你可以直接给我写信或打电话，我的地址是：P.O Box 3326, La Habra, CA 90631。我的电话号码是：(818) 854-3591。

我们仔细讨论一下，从现在开始，该如何释放你内心深处的能量，如何发挥你的最大潜力，如何全心全意地享受自己的人生，如何去做你真正想要做的事情，而不是每天都想着如何尽快结束手头的工作，如何享受生活的每一刻。

要想成为这种高效能人士,你必须学会培养自己的7个特点。具体来说,这7个特点包括：

## 特点1：活在当下

你必须学会训练自己活在当下，而不是过去或未来。而要想活在当下，你就必须学会3件事情：

对自己的生活承担起全部责任；
理清过去所有的关系；
学会原谅自己。

### 对自己的生活承担起全部责任

第一件事情就是对自己的生活承担起全部责任。这是我在全书中一直在强调的一个理念。如果你刚刚被解雇，你在心里暗骂自己的上司纯粹是个白痴，或者他就是在找你麻烦，鸡蛋里挑骨头，那你需要仔细想想其中的原因究竟是什么。

如果你觉得自己的企业之所以破产，是因为你的竞争对手不讲道德，或者你的银行是在故意对付你，那你就是大错特错了。这就好比一名员工迟到，他不怪自己，反而怪车胎爆了一样。你必须对自己的行为承担全部责任。你之所以迟到，可能的确是因为车胎爆了，但真正的原因在于你没有做好规划,你没有意识到可能会出现某些意外。对于一名高效能人士来说，他很容易明白自己应该对这些事情负责。

如果不停止埋怨别人，你永远不会成为一名高效能人士。有些人永远不会承认自己的错误，不是吗？他们总是在不停地埋怨别人，无论出了什么问题，他们都会说那是别人的错。出现这种情况是有原因的，这些人根本不尊重自己，所以他们也不会懂得尊重别人。如果你对自己充满自信，你很容易就会对别人也充满信心。同样，如果你知道该如何爱自己，那就一定懂得如何去爱别人。

## 理清过去所有的关系

高效能人士必须学会的第二件事情就是理清过去所有的关系，开始真正活在当下。要想做到这一点，一个最重要的方法就是回到过去，跟以前那些让你感到不快的人取得联系。

我的公司里曾经有一位年轻的女孩子，她就用这种方法摆脱了自己心里的阴影。她的父亲住在奥尔良，他们已经有很多很多年没有见面了。这位女孩子在内心深处对自己的父亲充满了怨恨，她这么做是有原因的，事实上，当她告诉我她父亲的所作所为时，就连我也感到不可思议，我不禁想起了一句歌词，“人类为何如此冷酷？”听完她的故事之后，我建议她去奥尔良见见自己的父亲——不是去原谅他，也不是去跟他交朋友，而是联系他一下，理清他们之间的关系，让她彻底从自己的内心阴影中走出来。

她按照我的建议去做了，等她回来的时候，整个人都完全变了样。猜猜她跟我说了什么？她的父亲仍然是个混蛋。但现在她对此已经毫不在意了。这次见面之后，她摆脱了所有对父亲的怨恨，虽然她仍然不喜欢这个人，而且也不愿意跟她呆在一起——事实上，据我所知，他们两个此后再也没有见过面。但这次会面的确改变了她的生活，这点我感觉非常明显。如果你一想起某个人就感觉火冒三丈，那你就根本不可能完全释放自己的全部潜力，更不可能成为一名高效能人士。

## 学会原谅自己

要想真正活在当下，你要做的第三件事情就是我在本书秘诀 3 中谈到的那个理念，你必须学会原谅自己。记住，你之所以感到不快或沮丧，通常都是因为你始终放不下过去发生的某件事情。所以要想解决这个问题，最好的方式就是学会放弃过去。

## 特点 2：放下对未来的焦虑

学会放弃，消除自己内心的沮丧之后，接下来的问题就是——究竟该如何消除对未来的焦虑呢？人们之所以焦虑，就是因为我们对未来可能发生的事情感觉不确定。所以只要能消除对于未来的担忧，我们自然就可以对焦虑说拜拜了。

一个人之所以总是焦虑，就是因为他一直生活在未来。比如说你可能担心自己会失去工作，你担心人们可能不再喜欢你了，你担心自己退休后可能一贫如洗——通常来说，这样的人很可能一直在自己不喜欢的工作上坚持了 20 年，退休之后，他们可能不到 3 年就因为无聊和挫折感而死去。

维克多·弗兰克尔（Victor Frankl）在奥斯维辛集中营的经历就告诉了我们这一点，如果没有目标，我们的生活就毫无意义，最终只能郁郁寡欢。很多人都会为自己的生活设定一些认为的目标——比如说拿到学位，找到伴侣，成为一家公司的副总裁、总裁，参加女儿的婚礼，抱孙子等。如果你能够消除对生活的恐惧，就说明你已经向着“活在当下”的境界迈进了一大步。你会感觉自己得到了巨大的释放，长久以来一直压抑的情绪——比如说对于从高空坠落，在夜晚独自穿过某一个街区，或者是直面凶恶的上司等的恐惧——终于爆发出来，从而会让你有一种畅快淋漓、特别自由的感觉。

多年以前，当我还在加利福尼亚一家房地产公司工作的时候，我曾经有一个好朋友，他是一位非常成功的房地产商人，建立了一个非常庞大的房地产中介帝国。他拥有大约 15 家分公司，还有一些相关的子公司，他所在社区的所有人都知道他是一位非常成功非常富有的商人。房地产是一个周期性很强的行业，他也会遇到一些不好的年景。他最大的担心就是会有债主逼迫自己破产。有一天，我看到他的照片被刊登在《洛杉矶时报》的封面上，报道说他刚刚被迫申请破产。看到报道之后，我立刻给他写了一封信，鼓励他继续保持勇敢，收到信后，他给我打来电话，告诉我情况并没有他想象的那么糟糕。他感觉好极了，因为他终于敢于面对这一天了。

他用的就是我在面对最大恐惧时所使用的方法——直接背着降落伞从飞机上跳下去。我很能体会他的心情，当我终于战胜自己最大的恐惧时，我也有过类似的感受。

当一个人的内心感到恐惧时，我们就会牢牢抓住一些事情——比如说，有人想要跳楼自杀，可一旦他在下落的过程中抓到一个东西，他就会牢牢抓住，再也不愿放手，或者说有人在爬山的时候，一旦到了一个自己感觉安全的地带，他就会再也不愿离开，不愿让自己再次处于危险的境地。我的一位朋友也是如此。他的婚姻非常失败。但多年以来，他总是不愿意放弃这段婚姻，他非常郁闷，体重足足增加了 100 磅。但几个月后，他们双方决定离婚，结果两个人的生活都发生了巨大的变化，他参加了“暴食者俱乐部”，开始认真减肥，现在他的状态比任何时候都要好。

高效能人士不会任由恐惧妨碍自己享受生活。他们总是敢于给陌生人开门，或者让路边搭车的人上车。虽然他们不一定都是喜欢寻求刺激的人，但他们并不害怕参加赛车比赛，也敢从陡斜的山坡上飞速而下，因为他们知道，人生最重要的不是生命的长度，而是生活的质量。所以虽然高效能人士都很热爱生活，但他们绝对不会向恐惧屈服，更不会让恐惧去妨碍自己享受人生。

我想你很可能会问，如果我们仅仅活在当下，这难道不是太不负责任了吗？我们的老板、父母，还有孩子们怎么办？我们难道不应该对他们负起责任，不应该为了兑现对他们的承诺而牺牲自己暂时的享受吗？

我们的父母呢？他们难道不是也曾为了孩子的将来而牺牲自己眼前的利益吗？

我是这样看待我跟我的孩子们之间的关系的：我们都是独立的个体，每个人都有自己的生活。我很爱他们，而且会一直爱他们。但我并不会为他们去牺牲我自己的生活。没错，我也会为他们提供大学教育，会让他们得到所有父母应该给予子女的东西，但这些都是免费的，我并不指望他们会给我任何回报。他们根本不用答应我任何事情，不用承诺在我退休之后每个星期天都回来看我。坦白说，我自己也忙得很，恐怕根本没时间去接待他们。至于遗产，如果我死的时候居然还留下什么遗产的话，那说明我的财务规划做得不够好。我没有计划留给他们任何财产。如果我临死之前发现还剩下 1.75 美元，那我一定会立刻让人去帮我买个汉堡包。

我想强调的一点事，千万不要误以为要由别人来对你的生活负责，因为事实并不是那样。不管对方是政府机关、工会、一家大公司，还是只是你的上司，他们都不需要对你的生活负责，真正需要负责的就只有你自己。

高效能人士知道，只有你才能掌握你的人生，只有你才能作出那些重要的决定——包括是否接受我在本书中提出的建议，你也要经过自己的思考，而不是盲目地接受所有的建议。还记得我们谈过的智力上接受和情感上接受的区别吗？如果你全盘接受我的理念，你可能只是在智力上接受。所以我建议你挑战我的想法，设法用自己的生活经历来驳斥我的这些理念，就好像一位外科医生在对着 X 光对比病人的情况一样，只有这样，你才能在情感上接受我的理念，才能相信自己的确能够成为高效能人士，让自己的人生变得更加丰富多彩。

高效能人士总是很清楚这一点，每次感觉自己要为某人负责的时候，他们就会认真审视自己的内心。“我是真的关心这个人吗？还是只是为了要去控制他的生活？”当一个人女儿在尽心尽力照顾自己生病的母亲，或者一位丈夫在照顾自己昏迷不醒的妻子时，千万不要以为你是在对对方的生活负责，事实并非如此——真正能对她们的生活负起责任的，只有她们自己。

通过直面我们最大的挑战，我们可以克服自己对于未来的恐惧。

高效能人士还懂得要消除自己对于过去的罪恶感和负疚感（这只会让他们感到沮丧），同时消除对于未来的恐惧（因为这样只会让他们感到焦虑），全心全意地活在当下。

## 特点 3：培养平和的性格

高效能人士的第三个特点就是他们懂得培养平和的性格。高效能人士是如何避免那些令人沮丧——也就是丘吉尔所谓的“乌云压顶”——的日子呢？很多朋友都知道，丘吉尔一直是我的偶像。他是人类有史以来最伟大的高效能人士之一。但尽管如此，他还是有时会陷入抓狂般的低落期。抓狂的人情绪变化非常大，他们时而感觉自己站在世界之巅，什么事情都能做到，战无不胜，攻无不克，时而感觉自己陷入了万丈深渊，感觉自己一无是处，即将被整个世界抛弃。但这样的人很少会去寻求治疗，因为他们非常享受那种站在世界之巅的感觉。事实上，我相信世界上有很多伟大的领袖都有轻度的抓狂抑郁症。

一般来说，高效能人士似乎一直在经历那种站在世界之巅的感觉，但在此之前，他们一定经历过万丈深渊的感觉。我自己就有过类似的体会。正如我所说的，人们之所以有时会感觉乌云压顶，在很大程度上是因为他们在为过去的事情感到沮丧。只要学会生活在当下，你就能避免这些沮丧的情绪。具体来说，你之所以感到沮丧，是因为你的某种情绪没有得到释放。如果你对某个人感到愤怒，比如说你的上司、合伙人、同事，或者是你的妻子，但你感觉自己不便于发火，你就会让这种愤怒情绪压抑在自己的内心深处，这种压抑很快就会转变成抑郁。我的描述可能不太科学，但事实就是如此。当你开始陷入抑郁时，你很可能就会忘了自己为什么不开心，但一旦你知道出现这种情绪的真正原因，你就能很快找出让自己沮丧的根源了。

当然，就算发泄是治疗抑郁的最好的方法，你也不可能每次在不开心的时候就冲着别人大吼。文森·隆巴蒂（Vince Lombardi）曾经是说过一句非常深刻的话："烦恼并不会找到你，都是你在找它。"我相信，除了大吼之外，我们还有很多方法让对方知道他们给我们带来的痛苦。但一定要注意，要让对方感觉到你所不满的只是他们的行为，而不是他们本人。

我的女儿从南加州大学获得工商管理学士学位之后，她去旧金山跟一位朋友一起呆了几天，后来她给我打电话，告诉我她打算在一家艺术画廊做销售。我告诉她："别忘了你花了 50 000 美元才拿到这个学位，为什么要浪费它呢？"她激动地告诉我，她要过自己的生活，然后就挂了电话。

当时我简直要暴跳如雷，但我还是冷静下来，我努力告诉自己，真正让我感到不安的是她的未来，而不是那 50 000 美元。但我并没有花上一整天去思考这件事情，我直接给她拨了个电话，告诉她她刚才说的话让我感到生气。然后我告诉自己："要是我早一点知道该如何发泄自己的不满就好了，那样我就不会度过那么多个不眠之夜了！"记住，如果内心有怨气，就一定要想办法发泄出来。体育锻炼是一个好方法，因为它可以清除我们血液中那些因为愤怒而产生的酸性物质，但总的来说，最有效的方式还是直接告诉对方你的感受。

我有个办法，虽然听起来奇怪，但却非常有效。如果我想要冲某个人发火，但感觉这样做又不太合适，我就会给他们写一封措辞激烈的信，告诉他们我的感受，以及我想要对他们做什么。然后我会在信封上写上地址，贴上邮票，走到邮箱前面——但我不会把信塞进邮箱，因为我不希望因为这封信而破坏一个人一天的好心情。这样做效果好极了！

但一定要记住，千万不要把信放在一个很容易被人拿走的地方。我就曾经遇到过这样的事情。当时我在跟一位女士约会，我跟她分享了这个技巧。有一天，我因为特别忙而忘记给她打电话问候，于是她就写了一封这样的信，把我大骂了一通！可不幸的是，她把信放在自己的办公桌上，一位善良的同事随手把信塞进了邮箱。打开这封信的时候，我简直不敢相信自己的眼睛。而更让我吃惊的是，几天之后，这位女士再给我打来电话的时候，她的声音仍旧像以往那样甜美。我想她一定是发泄了怒气，心情早已变得平静了，所以直到几个月以后，我才告诉她那封信的事。

## 特点 4：不只是为了钱而工作

在开始主题之前，我觉得还是有必要澄清一下高效能人士的形象问题——大多数人都会认为高效能人士一定是那些咄咄逼人的家伙，他们一直在公司里不停地往上爬，想要控制一家巨大的公司，甚至整个国家。或者你可能会把高效能人士想象成典型的 A 型人格——总是在不遗余力地拼命前进，对周围的一切都置之不理。但事实上，很多高效能人士都是非常普通的商务人士。很多人都喜欢跟他们在一起，因为他们的人生目标往往跟那些一般的商务人士截然不同。他们之所以从事一项工作，绝对不是仅仅为了赚钱，也不是为了享受那种大权在握，呼风唤雨的感觉。他们创办一家公司时的心态跟一位业余选手跑马拉松时的心态大致相同——他们之所以做这件事情，只有一个原因，那就是他们喜欢这件事。他们知道这是一个巨大的挑战，跟很多马拉松选手一样，他们知道自己一定会在中途后悔，希望自己一开始就没做这件愚蠢的事情，他们告诉自己，千万不能放弃，因为那将意味着溃败和羞辱，所以他们只好咬牙坚持下来。一旦完成这件事情，他们就会得到巨大的满足，然后开始启动自己的下一个梦想。

比如说沃尔特·诺特（Walter Knott）就是一个例子。他是诺特草莓庄园的创始人，这家公司最初只是南加州的一个路边小摊。他最终把它发展成为一家规模庞大的零售和主题公园集团——据说一直是密西西比河以西最大的家族企业。虽然诺特早已非常富有，但他还是很享受自己的工作。因为他知道，自己每投入 15 000 美元，就可以为一名工人创造一份终身职业。他甚至根本不需要投入 15 000 美元——一大堆银行家都在等着借款给他，以便为社会创造更多的岗位。

还有一个例子是关于约翰·利特伍德（John Littlewood），他是一位英国商人，靠经营五元店而成了一名百万富翁。他为自己的成功感到自豪，但后来他发现自己的朋友总是在嘲笑自己，因为他们觉得他只是因为运气才取得成功的。于是他决定用一种不同寻常的方式来证明他们是错的。他把所有的资金都交给了一家信托投资公司，然后他开始重新创办新的企业。你能相信吗？当他没有任何资产的时候，所有的人都离他而去，他根本借不到一分钱——这下可真是白手起家。但几年之后，他又成了百万富翁。他创办了一家小小的足彩公司，这家公司很快成为了世界上最大的足彩公司——利特伍德足彩公司。后来他又做了第三次尝试，成立了一家邮购公司，并再次取得了成功。

## 特点 5：享受当下的生活

高效能人士总是生活在当下，所以他们不会辛辛苦苦地为明天担忧。他们喜欢把自己的最后一毛钱花在去亚马逊雨林的旅途中，或者去加德满都的长途大巴上。很多澳大利亚人都喜欢这样的生活态度。他们是我见过的最喜欢享受生活的民族。整个澳大利亚一共只有 1 600 万人，大体相当于东京的人口，澳大利亚的国土面积大概只有我们的一个州那么大。但即便如此，你还是会发现他们似乎遍布世界各地，即便那些常人不去的地方也有他们的足迹。我曾经在蒙特卡洛的赌场里遇到过几位澳大利亚人，我问他们在干什么。“哦，我们只是在度假。”他们告诉我。

然后我又问道：“你们离开家多久了？”

“哦，大概 9 个月，可能是吧。”

我最喜欢的酒店是圣莫里茨的巴特吕酒店（Badrutt’s Palace）。我曾经在那里遇到过一群澳大利亚人，他们说自己来这里是为了跟欧洲的几位朋友一起打打网球。你能相信吗？这群人居然会为了打网球而飞跃大半个地球。他们并不是富有的农场主。他们都只是很普通的白领，这些人之所以敢这么做，是因为他们相信，等到自己回到办公室的时候，老板一定会把工作交还给自己的。

这就是为什么我会在秘诀 4 中强调，真正重要的是旅程本身，而不是目的地。如果你过于担心未来，希望自己的未来能够得到保障，你就不可能享受当下的生活，也就不可能成为一名真正的高效能人士。

所谓财富，并不是指你所拥有的资产，而是你的收入流。英王爱德华八世在 1936 年继承王位的时候，绝对是一位非常富有的人。且不说王位带来的收入，英国皇家本身就拥有巨额的私人财产，其中包括大片的土地、艺术品、固定投资等。在那个年代，英王拥有着巨大的荣耀和权力。你可以登上“布列塔尼号”环游世界，无论在任何地方，当你靠岸的时候，你双脚踏上的那块土地很可能就是英国的殖民地。可尽管如此，当爱情来临的时候，爱德华却感觉这些物质财富似乎是那么的无力，他在自己的王国里环顾四周，问自己："要这些东西到底有什么用呢？"一旦成为一名真正的高效能人士，当你学会爱上生活的时候，你也会怀疑自己究竟为什么需要这些东西。

## 特点 6：不强求别人喜欢自己

要想成为一名高效能人士，你需要克服的下一个障碍是一种冲动，一种总是要让别人喜欢自己的冲动。无论是一个人在荒凉的海滩上徜徉，还是去参加一场派对，你都会感觉非常自在。很多人一生都在设法让别人喜欢自己，结果最终只是让别人操纵了自己的人生。所以在秘诀 3 当中，我警告读者一定要小心同辈之间造成的压力，以及它可能给我们的生活带来的负面影响。很多人穿衣服的时候会考虑别人喜不喜欢，买车的时候会考虑是否是当时流行的款式，我们总是不希望自己太出格，不希望自己跟大众保持太远的距离。所有这些都会抽干我们内心的能量，妨碍我们成为一名真正的高效能人士。而另一方面，高效能人士却可以把这一切都抛诸脑后，他们只会选择自己最喜欢的车——哪怕它是一辆 20 年的老爷车，他们只会穿自己喜欢的衣服——哪怕它根本不是一件名牌。要想成为一名高效能人士，你必须学会倾听自己内心的声音，千万不要过多考虑周围的看法，更不要一味追求别人是否喜欢你。当你不再那么在乎别人的看法时，你反而会更容易吸引别人。

## 特点 7：不刻意给别人留下深刻印象

高效能人士的最后一个特点是，他们并不在意自己是否能给别人留下深刻的印象。如果他们去参加一个派对，那一定是因为他们喜欢跟派对上的朋友在一起，而不是为了要给任何人留下深刻的印象。如果说他们在餐厅里订了一道高档菜，那一定是因为他们喜欢这道菜，或者是自己想尝试一下，而不只是为了给别人留下深刻印象。

这种人根本不会用那么多时间去谈论金钱的话题。我曾经在日本横田机场的贵宾室里有过一次有趣的经历。当时我已经在日本旅行了许多天，对于一位美国人来说，在吃了许多天的米饭和生鱼片之后，我很自然地会想要尝尝汉堡包——可贵宾室里只有鸡尾酒。于是我离开贵宾室，去到前面不远的地方买汉堡包，那是我这辈子吃过的最糟糕的汉堡包了，虽然这位日本师傅已经很努力了，但它的味道仍然像是猪肝泥一样。

当我回到贵宾室时，我看到一位女士正在跟我的女朋友聊天。她刚到那里不过几分钟，但已经开始迫不及待地想要告诉我女朋友自己都买了什么了。我的女朋友当时带着一块劳力士："亲爱的，那是真货吗？我知道哪里有卖仿制品的，在香港只要 13 美元就可以买一块，跟真的一模一样。"

如果你只是想着如何给别人留下深刻印象的话，你的生活就绝对不会是一场有趣的历险，哪怕是面对完全陌生的人，你也会想着怎么更好地向对方展示自己。通常来说，大多数人之所以会有这种心态，就是因为他们内心缺乏安全感。如果银行要他们出示自己的身份证明，他们就会火冒三丈，"你难道不认识我吗？"想想看，你为什么要关心银行的态度呢？在秘诀 10 中我说过要为自己的人生设定真正有意义的人生目标——那些你在内心深处真正关心的事情。如果你只是为了赢得别人的瞩目而买辆奔驰的话，那你可就大错特错了。想想看，如果你的朋友们都开始开劳斯莱斯了呢？你又该怎么办？你可以周游世界，让自己享受所有那些美好的事物，但一定要记住，你这么做只是为了自己开心，而不是为了积累向朋友炫耀的资本。

一旦拥有了这 7 个特点，你的生活中就会只剩下爱。

所以综上所述，高效能人士绝对不需要让别人喜欢自己，也不再一味地追求给别人留下深刻的印象。如果你能够克服这些障碍，你的生活就会充满爱的光芒。你会对周围的人，对这种我们称之为"生活"的东西充满热爱。这就是高效能人士对于生活的真正定义。

# 结语

## 成为高效能人士，收获属于你的成功

发现生命的真正意义是一个亘古之谜，自人类诞生以来，无数聪明之士就在思考这个问题。至于究竟该如何成为一名高效能人士，我想跟你分享一些我的感悟。

在所有美国的跳伞爱好者中，有这么一个传统：每当那些第一次跳伞的新人从空中安全降落的时候，那些有经验的跳伞者就会走上前去，向他表示祝贺。第一次跳伞是一个非常美妙的过程，当所有人都围到你身边，向你表示祝贺时，你会产生一种莫名的感动。你会感觉周围这些人能真正理解你的感受，因为他们也曾经有过类似的经历。他们知道，当你双脚踏上地面的那一刻，你发现自己并没有被摔死的时候，你会感到一种难以置信的喜悦。

大家会纷纷拍着你的后背，双手抱着你，大声说道：

“感觉怎样？”

“喜欢吗？”

“棒极了，对吧？”

“难道不是很美妙吗？”

“这难道不是一次令人难以置信的经历吗？”

你可能会问，这和成为高效能人士有什么关系吗？有史以来，人类就一直在思考我们究竟会不会有另外一种人生。除了这个世界之外，我们在死后是否会进入另外一个世界——为了讨论方便，我们不妨姑且称其为“天堂”。

想象一下，你在这个世界的生命刚刚结束，终于要进入下一个世界了。所有在你之前来到这里的人都会围到你身边。突然之间，宇宙间所有的秘密都被打开了。没有任何神秘，你也不再需要去苦苦寻觅所谓“生命的真正意义”了；突然之间，你发现，我们在地球上的生活其实只是我们生命旅程中的很小一部分，除了这段生活之外，还有一千个更加令人兴奋的旅程在等待着我们。

大家都围绕在你身边，面带微笑地看着你既吃惊又困惑的样子。他们纷纷问道：

“感觉怎样？”

“喜欢吗？”

“棒极了，对吧？”

“难道不是很美妙吗？”

“这难道不是一次令人难以置信的经历吗？”

如果我们这么告诉他们，“没错，的确如此。比我所能表达的更精彩，更令人激动，更美妙，更刺激”，那我们就可以自豪地宣称自己的人生是一个巨大的成功。我们完全可以自称为一名真正的高效能人士，我们的生命是一场伟大的历险，我们从中获得了最大的享受。

[美] 罗杰·道森 著 刘祥亚 译

定价：88.00 元

## 丰富而经典的谈判大师手记
## 真实而有影响力的案例剖析

**迪士尼 CEO 艾斯纳故意散布“欲收购 CBS”的假消息。不到一个月，他就如愿以偿地收购了心仪已久的 ABC。谈判竞争力的威力有多大？**

**罗杰·道森集 30 年成功谈判经验，通过独创的优势谈判技巧，教你如何在谈判桌前取胜，并让对方感觉赢得了这场谈判：**

- 怎样让步既不吃亏，还让对手满意？
- 如何利用“专家秘诀”抵消对手的经验优势？
- 如何找出对方的“心动按钮”并将其转化为订单？

**《优势谈判》有详细的指导、生动而真实的案例、权威的大师手记和实用的建议，为你提供走上富足人生的优势指南。**